第一章 挽救人生的方法

很有意思的事。我有自信，一定能完成一本獨特的書。

讀者不妨將本書當作人生論來讀，或者視本書爲林眞理子暢銷書《野心的建議》的番外篇，讀起來也會有另一番樂趣。

對我而言，這是一本豁出去的書。

只要讀者喜歡，沒有比這更幸福的事。

第二章

工作使人成長

第三章

為了最後獲得勝利的策略

從那個瞬間起，我們兩人重新建立起睽違十六年的關係。

本書開頭收錄的兩人對談，是由她提出邀請，在《週刊朝日》雜誌上實現的內容。

包括秋元康在內，承蒙許多人稱讚，說是從來沒看過那麼有趣的對談。得知那次對談引起這麼大的迴響，講談社編輯原田隆向我們提出企劃，表示想做一本以我倆關係爲主題的書。剛開始我半信半疑，這個主題眞的能做出一本書嗎？沒想到一旦開始之後，腦中陸陸續續浮現各種回憶。

透過講談社拿到的林眞理子原稿對我形成良好的刺激，正好也促使我回首四十年來的編輯生活。

我告訴自己，現任作家與現任編輯出一本這樣的書，或許會是一件這空白的十六年間，我心裡或許從來沒有放下這件事。期間好幾次偶然巧遇，兩人總是背轉過身，不看對方。

在這樣的狀況下，某天，札幌的「渡邊淳一文學館」舉行了一場盛大的西式自助茶會。我以出版社社長的身分，林眞理子以渡邊淳一作家友人代表的身分，同時出席了設在飯店寬敞宴會廳中的盛會。

當我看到穿著和服站在遠處桌邊的林眞理子時，猛然領悟到如果錯過這一次，我將永遠失去與她言和的機會。

我拜託身旁一位熟識林眞理子的男性傳話，「見城說無論如何都想向妳道歉，可否請妳移駕一下？」

在那位男性將她的答案帶回來之前，林眞理子已站在我眼前。

「我覺得我應該過來，見城兄。」

後來的十年，我肯定是最常和林眞理子合作的編輯。

林眞理子不斷推出暢銷散文集，第一次嘗試的短篇小說入圍直木獎，也很快地獲得了直木獎。

她談了幾場戀愛，然後結婚。

這一切我都深度參與其中。

或許可以這麼說，如果沒有林眞理子，身爲編輯的見城徹不會以今天的姿態存在，而如果沒有我，今天這個身爲作家的林眞理子也不存在。

這不叫命運，什麼才叫命運。

我辭去角川書店的工作，自己成立幻冬舍還不到一年時，我們兩人決裂了。當時根本沒想到絕交的狀態竟然會長達十六年。在那之前吵架雖是家常便飯，往往兩、三天就能重修舊好。

前言

見城徹

從我和林眞理子第一次見面到現在，已經超過三十年了。直到今天，當時的情景依然歷歷在目。

我們約定見面的地方是位於六本木的喫茶店「A.Lecomte」，二樓只有我一個客人。

我一邊喝柳橙汁，一邊等林眞理子來。

店內歷史悠久的階梯發出吱吱嘎嘎的聲響，穿著牛仔褲的林眞理子上來了。

我和林眞理子的命運從此交會，擲地有聲。

豁出去的覺悟

過剰な二人

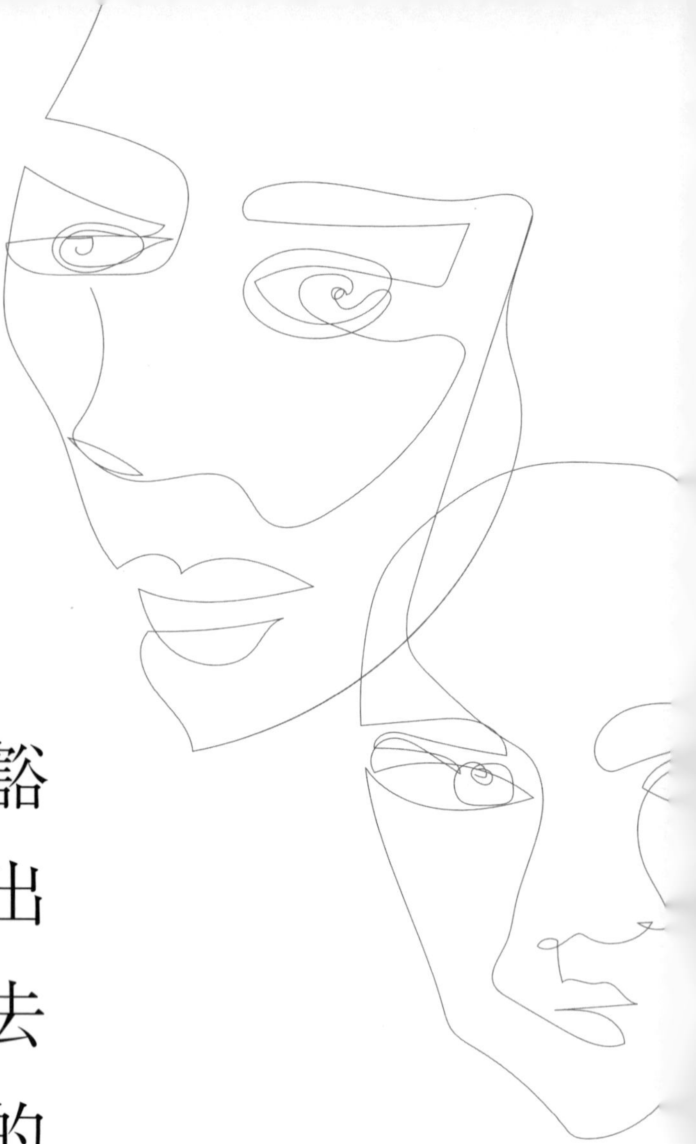

林真理子　見城徹｜著　邱香凝｜譯

對談
過剩的兩人「失去的十六年」

見城徹　妳在講談社的現代新書《野心的建議》很厲害耶。聽說賣超過四十五萬冊了（2015.7.20統計）。

林真理子　託您的福。

見城　被搶先了啊。我向來認爲編輯必須爲一位作者準備三張王牌。看了妳超過三十年，雖然中間曾經「失去十六年」，剛開始那個手上什麼都

第四章

掌握運氣的必要條件

沒有的林眞理子，已經變成現在幾乎擁有一切的林眞理子。現在的妳甚至已涉足美的領域，而我早就想過，現在的林眞理子一定得寫寫年輕時那個什麼都沒有的林眞理子的野心，這就是我爲妳準備的第一張王牌。沒想到被搶先了，所以我很不甘心哪。不過，站在個人的立場，讀完那本書後果然覺得好懷念。

林　剛開始我沒有寫關於見城兄的事，結果編輯說「其他編輯的事都寫了，沒提到見城先生未免太奇怪，請務必加上去」，我才寫了第一次見面那天的事。

見城　當時的情形，現在我仍記得很清楚喔。

林　我也是。見城兄當時給我的感覺超差。說完「寫小說吧」、「在我們出版社開新連載吧」之後，第三句話竟然是「不要迷戀我喔」（笑）。

見城　當年我讀了妳的出道作品《買個開心回家吧》，心想這過剩[1]的程度眞是太厲害了。世界上竟然有女人過剩得這麼毫不妥協。我原本以爲能引起我興趣的，只有把不妥協放在內心，透過作品展現妥協的才是好的創作者。然後看了作者近照，又是個妖艶的女人，所以不管怎樣都想和這個人見上一面，才會約妳到六本木的「A.Lecomte」二樓碰面。

林　哇哇，「A.Lecomte」，好懷念。

見城　當時我想參加健美先生選拔，正値拚命做重訓的時期，穿了一件粉紅色的T恤和牛仔褲，喝著新鮮柳橙汁……

林　沒錯，喝得啾啾作響（笑）。我都還記得你當時嘴巴噘起來的形狀（笑）。看到一個身穿粉紅色T恤的肌肉男，內心眞的大受衝擊，心想這個人有事嗎？

見城　我呢，本就預期會看到一個過剩到不行的強勢女人，一看到妳就心想，喔喔，果然來了。

林　好過份～（笑），只是個短髮的普通女生而已吧。

見城　不，那時的妳充滿野心，就像唐吉軻德那樣。不過，妳在《野心的建議》裡寫的和事實有點出入。首先，「妳不認識在業界超有名的我嗎？」可不是我開口說的第一句話。那應該是在整體談話中提到的吧。我記得第一句話應該是「約法三章吧」。

林　對，你說了。

見城　沒記錯的話我是這麼說的。第一件事是「寫小說吧，妳是能拿直

1　譯註：所謂「過剩」，是從平凡生活的框架內滿出來的意思，也代表這個人有無法對自己妥協的地方。

木獎的人，一起加油」。第二件事我說的是「在我們這裡開連載吧，一定會暢銷」。第三是「不要迷戀我」。

林 你確實這麼說了，還一邊啾啾地吸著果汁（笑）。我的回答是「我隸屬外貌協會，所以不會有那種事喔」。

見城 然後我說「女人都這麼說，最後還不是迷上我」（笑）。

林 是啊，沒錯。

見城 按照約定，妳最早寫的是短篇小說《星光史黛拉》。那眞的是色彩非常鮮明的小說，身爲編輯我也盡全力了。

林 對喔，那篇發表在角川書店的《野性時代》雜誌上。

見城 我還記得，在大日本印刷提供給編輯的校稿室裡校對《星光史黛拉》時，內心立刻確信它一定會入圍直木獎。

林　是入圍了，不過還是沒得獎。

見城　雖然沒得，但那個時候誰也不認爲林眞理子會入圍直木獎吧。大家都以爲妳只是曇花一現的作家。我可以很囂張地說，在那些媒體面前我總是嚷嚷「你在說什麼啊！沒有比她更文學的女人了，你們到底懂不懂？」，到處找人吵架呢。

林　謝謝你。

見城　接下來一起做的書是《憂鬱的葡萄》。這本也入圍直木獎了，而且差點獲獎，只是關於最後一章到底有沒有必要，評審的意見分歧。認爲「因爲有這一章才好」的評審有四位，認爲「就是有這一章，所以才不好」的評審也是四位，剩下的一位持中立態度，結果沒能得獎。那是直木獎評選史上花了最長時間的評選會。

林　那時等了好久啊。

見城　作品在雜誌上發表時，沒有那最後的一章，是我後來要妳加上去的。內容描述主角高中畢業十幾年後的事。

林　是這樣沒錯。

見城　很有林眞理子風格的主角原本是個乍看之下不起眼，自我意識過剩的鄉下高中生，後來變得愈來愈出名。最後一幕描述她和高中時代那個媲美藤原優（前日本代表）的橄欖球隊明星球員在餐廳吃法國料理的情形。此時主角和高中時那個校園明星已經平起平坐，一邊吃著他的牡蠣，一邊在心裡說「太好了，無論妳或我」。故事就在這裡結束。

林　是的。

見城　不過，身為編輯，我不會把這句話解讀為「妳和我都值得慶幸」。就我讀來，她的意思是「我啊，我能爬到今天這個地位眞是太好了」。那是成就一個野心的瞬間，這就是林眞理子的文學。

林　承蒙你這麼熱情談論過去的作品，身為作者的我眞的很開心。現在的責任編輯都很年輕，很難遇到會跟我說那部作品怎麼樣，這部作品又怎麼樣的人啊。

見城　在我們兩人三腳合作下推出的作品有《街角的飛吻》、《眞理子的夢揭開夜之序幕》……

林　《眞理子的夢揭開夜之序幕》很有意思呢，是寫與風間杜夫先生的白日夢散文。

見城　那簡直堪稱發明。妳做白日夢的才華出眾啊。那時妳還在富士電視台當宣傳女郎，後來更當上節目主持人，也擔任電視節目的固定來賓，令人嚮往的事物一一到手。剛成立幻冬舍那陣子，我說「不能什麼都要」，還說「什麼都沒有的妳才是文學」。結果我們因此吵翻，展開「失去的十六年」。

林　其實還有各種原因啦。

見城　算了啦，今天不要講那些（笑）。

林　前陣子我翻出舊日記，一本只寫了三天的日記，上面寫著「和見城兄去吃飯，又被他講了難聽話。只要見面就得聽他講難聽話」。

見城　總而言之，妳和我從見面那天起幾乎每天碰面，一起吃飯喝酒，沒見面的日子就講電話。正如妳寫的，我們就像一對沒有肉體關係的情侶，又像是兄妹或親人。那段屬於我們的季節很充實，充滿能量，不管是妳還是我。

林　最近岸惠子小姐的《親密戀情》（幻冬舍）不是很暢銷嗎。我一直覺得見城兄最厲害的地方，就是讓美女屈服於見城兄的瞬間。年輕時我不知道親眼目睹了多少次……

見城　不，沒這回事（笑）。我已經不屬於外貌協會了，妳原本雖然是用外貌協會當賣點，其實妳根本就不是。

林　哎呀，真沒禮貌。以前我也談過正經戀愛，對象也都帶給你看過，不是每個都很帥嗎？

見城　妳的男朋友我只見過兩個喔。其中一個是真的帥，另一個只是身高和學歷高，並不是什麼帥哥。妳老公倒是可以歸類到帥啦。妳如果真的是外貌協會成員，才不會被我吸引呢。

林 我還記得你說「把美女是最容易的事。像妳這種渾身自卑感的女人才麻煩」（笑）。

見城 我才不會說這麼失禮的話咧。

林 不，你就是說過！呃，我剛才想說什麼來著。啊、對了對了，我覺得岸惠子小姐的《親密戀情》是很棒的作品。因爲見城兄在電視上批評岸小姐說「這人寫的都是漂亮話」，結果岸小姐看了生氣起來，發下豪語說「那我就寫給你看」，對吧？這不是跟攻略美女時的感覺一樣嗎（笑）？我認爲這就是見城兄厲害的地方。

見城 2007年元旦，ＮＨＫ教育電視台有個三小時的新春特別節目，名稱好像叫「享受知識，如何走過人生」之類的吧。內容介紹以岸小姐爲中心的四位女性生平，不知爲何找了我和邊見愛蜜莉去當評論嘉賓。節目依據她書裡的情節重現岸惠子和丈夫分開時的場景，我心想，哪有這麼美好的事，就說了「結果不管怎樣，她都只會說漂亮話嘛」。

林　這段竟然沒被剪掉（笑）。

見城　節目播出一個多月後，她朋友傳眞給我，上面寫著「請跟她見面，確認是不是只會說漂亮話的女人吧」。然後我們才第一次碰了面。不過，我讀了她一些作品，還是覺得「果然都是些漂亮話」，也就這麼直說了。談到最後的結論就是她要寫這本《親密戀情》。她說「我是不是個只會說漂亮話的女人，就從我寫的東西來判斷吧」。

林　岸小姐很了不起啊。不是去找別家出版社，而是選擇和見城兄合作。

見城　她確實是一位了不起的女性喔（笑）。不過，說著「請寫下這樣的東西」，決定題材的人可是我。

林 見城兄不是常說嗎？什麼「招惹反感」的……

見城 「就是要招人反感」啦！妳不也在《野心的建議》裡寫過類似的話嗎？

林 辭去角川書店的工作創立幻冬舍初期，你確實招來不少人的反感，但已經走到今天這個地位了，應該不太需要再招人反感了吧。

見城 如果照已站穩腳步的大出版社常識投入戰場，頂多只會得到「那傢伙幹得不錯」的評價，但我要的評價是「那傢伙的概念和我們不同，是個難以置信的傢伙。」，唯有拿到這樣的評價，才有辦法和人家一決勝負。否則，和他們站在同一個擂台上是不可能打贏的。所以我只能老是故意做些招人反感的事。不過，一旦打勝仗，這些招人反感的事就變成業界常識了。

林　幻冬舍創立時的作品，大家比較常提起的有《大河的一滴》（五木寬之）、《爹地》（鄉廣美）及《弟弟》（石原愼太郎）、《兩個人》（唐澤壽明）等。事實上，《血與骨》（梁石日）和《永遠之仔》（天童荒太）的評價也非常高。爲梁石日那麼不起眼的作家買下報紙全版廣告宣傳新書，你應該是第一個做這種事的人吧。

見城　我想應該是。其實標準就是看自己有沒有被作品打動。《永遠之仔》也是啊，我在讀打樣時深受感動，於是決定大力宣傳，投入的宣傳成本得賣超過二十五萬冊才能打平。不過，只要是好作品，就算打不平還是會做，否則成立出版社還有什麼意義。

林　原來如此。

見城　像《爹地》就是想也知道會暢銷的書。在電視上現場轉播婚禮的收視紀錄至今無人能及的一對國民佳偶，誰會想到這樣的兩人早已婚姻失和呢。把他們的離婚八卦寫成一本書，在登記離婚那天出版。離婚原因不開記者會說明，只說一切都寫在書裡。我請他們一直扮演鴛鴦夫妻到書出版那天呢，到最後簡直像是為了出這本書才離婚似的（笑）。

林　見城兄最厲害的地方，就是和那兩人到現在交情都很好吧？鄉廣美先生和二谷友里惠小姐。

見城　因爲兩人我都很喜歡啊。

林　忘了石原慎太郎先生在哪寫過，「我唯一的摯友就是見城」，最近也聽過人家說「樂天的三木谷浩史行事那麼謹慎，爲什麼只有對見城無話不說啊」。

見城　是喔，眞的假的。我是個編輯啊，對誰都得口出刺激性的話語，在人家傷口上撒鹽。相對地，我也會開處方箋（笑）。

林　包括村上龍在內，很多名作家都與見城兄合作過，作家這種工作孤獨又痛苦，但見城兄很懂我們這種心情，在我們還沒說出口之前先替我們說了，也經常撫慰我們的心情。這可不是普通編輯做得到的事。

見城　妳今天太過獎了吧（笑）。

林　我說「見城兄這個人啊，會像個惡魔一樣魅惑人心喔！」。但惡魔終究是惡魔。

見城　中瀨紫（新潮社編輯）說我「花言巧語騙人」，其實我不是騙人，我是「擄人」喔，已經超越騙人的次元了。我只說正確的話，光是這樣就能擄獲人心。聊天氣或身體又能怎樣？所以我從不參加派對，無法帶來刺激與新發現的對話是世界上最無聊的事。

林 見城兄和電視圈的人或演藝圈的人交情非常好，到底怎麼有時間碰面啊。

見城 將近四十年來，我一年三百六十五天都跟人碰面吃飯，毫無例外。

林 沒有在家吃個茶泡飯什麼的嗎……

見城 沒有。聚餐的約定永遠排到三個月後。如果非得臨時約吃飯不可，只好連週末也排進去，再連週末都排滿的話，就改約吃午餐。雖然原本希望至少午餐能在放鬆的心情下享用，但一個星期還是不免排兩次工作上的午餐約會。對象可能是政治人物、運動選手、作家、明星、電視台的人或音樂人……各種都有。

林　好強大的人脈……

見城　我絕對不做表面上的交際應酬，既然要交往就好好交往。二十幾歲的時候，晚上十一點左右村上龍打電話來說「我現在寫了這樣的東西」，我就陪他這樣那樣地討論了一小時。好不容易掛上電話，又輪到宮本輝打來，又是這樣那樣地一陣討論。結束之後，換喝得醉醺醺的中上健次跑來我家，畢竟我那時單身嘛。同時，我幾乎每天晚上都和坂本龍一、尾崎豐那些人喝酒，也會和妳啦、山田詠美或森瑤子等女作家們碰面。我都懷疑自己到底什麼時候睡覺了。

林　眞的是……

見城　不用說，這是非常磨耗自己的事。

林　塚公平先生的《塚公平腹黑日記》也老是提到見城兄。「老子說他的壞話就算了，可不准其他人說見城的壞話。」之類的。

見城 這種話妳也說過吧？「我和見城兄吵架，說他壞話沒關係，絕不原諒別人說他的壞話。」

林 我可沒說到這個地步（笑）。

見城 我們絕交的「失去的十六年」中，我連一次都沒說過妳的壞話喔。

林 不好意思喔，我的人格不夠高尚（笑）。

見城 妳啊，一方面對野心擁有非常理直氣壯的自我意識，另一方面卻活在極度的無自覺中，兩者絕妙的比例正是妳的魅力。所以妳不是討人厭的傢伙。

林 可是，別人都只看到我野心的部分（笑）。見過面的人都說「沒想到妳是這麼普通的人」。

見城　不不不，哪裡普通了，妳的一切都不普通。

林　沒有這回事，我還算具備各種常識好嗎？

見城　非常過剩啊。不過妳一定想說「現在我收斂很多了」，很想強調「我很幸福」吧！

林　才沒有。作家這種人得讓毒素存在健康的身體裡，是很辛苦的一件事。

見城　不錯喔，令人感動的形容。原來妳是這麼做的啊。

林　沒錯。所以也很用心經營家庭。

見城　剛開始時我說的「三張王牌」，爲妳準備的第一張王牌已經用掉了，還剩下兩張。一張是到了這年紀後，對女性美展現的野心與搏鬥，我認爲妳一定得寫寫爲美賭上人生的終極策略。另一張是要妳寫關於某位名女人的事，她的名字暫且保密，總之一定會很驚人。

林　…………

見城　還有，《野心的建議》實在是很出色的書。所以，下次妳該做的是把與我之間那段充實的時光寫成小說。由現在的妳來寫，找別家出版社出也沒關係喔！（笑）。

Chapter 1

挽救人生的方法

人際關係需要一點訣竅

林真理子

年輕時的體驗，多半成爲人生指南的基礎。每個人年輕時都曾有過幾樁悲慘遭遇或屈辱體驗吧，總覺得人生的品質就決定在如何將這些體驗轉化爲養分。

現在或許沒人相信，少女時代的我常被說是個「想太多、太謹愼」的女孩。

看到學校裡那些毫不客氣纏著老師打鬧的天眞學生，我總是會這麼想。

「她們爲什麼敢那樣纏著老師呢，一定從沒想過自己會打擾到老師吧。」

去朋友家玩時，我也總是畏畏縮縮，老是擔心會不會太晚回家。

「我真的可以待在這裡嗎？不會打擾？真的待下來也沒關係？」

明明沒做什麼錯事，也會主動表示「今天全部讓我來吧！」，在所有人都回家後的教室裡，獨自默默打掃。

那時的我，一定全身散發毫無自信的負面能量吧。這樣的學生誰不想捉弄呢？現在想來是理所當然的事，當時的我卻一點也不明白。

事實上，我總是被霸凌、被排擠。遇到霸凌這種事時，比起圍毆之類的物理性傷害，更痛苦的是心理創傷，這我再清楚不過了。被男生們說很難聽的話，只要我一靠近，他們就一邊喊著細菌會傳染一邊逃開，被所有人視若無睹……這些經驗我都有。因爲被霸凌而自殺雖然不應該，但當事人的心情我完全能理解，也爲他們心痛。從孩子變成大人的青春期，心靈非常不安定，總覺得死亡近在身邊。赴死這件事，感覺起來和去隔壁鎮上沒什麼兩樣。

父母和老師經常對我這麼說：「妳就是在意太多才會被欺負，得擁有更堅強的心靈才行。」

可是，不管我怎麼想都不懂「堅強的心靈」到底是什麼。要我擁有自己也不懂的東西，簡直是強人所難。

那陣子，我最大的願望是「和別人交換整顆心」。除此之外，我想不到其他方法。

升上國三之後，連女生也開始歧視我。女生之間的階級鬥爭比男生更可怕。

以我當時的成績，一般來說只能報考女校。但我完全無法忍受就這樣進入女校。那裡等著我的，肯定是女生之間特有的，更爲陰狠的霸凌。

我無論如何都想升上男女同校的高中，提出報考縣立日川高校的志願。在實施聯招之前，日川高校是地方上有名的明星學校，國中成績不在十名內的女生絕對進不去。

然而當時的我討厭讀書，不是個勤奮的好學生，只能拚命拜託級任老師，理由是「將來無論如何都想上大學」。到最後，老師也拗不過我。「以妳的成績，原本我是不想讓妳報考的，不過，去跟男生拚一拚或許也不錯。」這麼說著，幫我改寫了調查表上的收件學校。就這樣，我考上了日川高校。

這個偷跑的舉動，爲我招來同學年女生的嚴重妒恨。我不在乎，反正上高中後就不會再見到進女校的她們了。

當時班上有個叫Ａ子的女生。後來有一次，進了女校的Ａ子來我們高中參加社團比賽。我們在校園中巧遇，Ａ子突然用周圍的人聽得見的聲音說：

「好羨慕眞理喔，都不缺男人～」

她們對我的妒恨就是這麼深。

進入男女同校的升學高中後，環繞在我身邊的狀況完全不同了。既沒有因爲功課不好而被霸凌的人，也沒有女生勾心鬥角的階級之分。再說，我自己也多少學會了人際關係的心法。我扮演起「好笑的女生」，許多人主動接近我，我也成了老師疼愛的學生，甚至在園遊會的話劇上擔任女主角。

人際關係需要一點訣竅——我在從國中升上高中之際認知這一點，學會了箇中訣竅。我成爲一個「大而化之，乾脆豪邁」的人。現在的我，可說仍處於這種性格的延長線上。

只需要花一點心思，人際關係就會產生巨變。不過，這和從前父母或老師對我說的「堅強的心靈」不一樣。現在的我仍有一顆容易受傷的玻璃心。我只是藏起這顆玻璃心，學會巧妙拿捏與他人之間距離的技巧罷了。

俗語說「三歲定終身」，可見人的心不是輕易就能改變。如果想改變狀況，該做的不是改變自己，而是學會人際關係的一點訣竅。至於訣竅這種東西，只要經驗累積多了就知道。

「什麼嘛，原來這樣就行了嗎？」

「什麼嘛。這點小事就能使人心情產生那麼大的改變嗎？」

就像這樣，把訣竅一點一滴裝進腦中。

將自卑情結轉化為工作

見城徹

正因爲自卑，所以努力，比別人多好幾倍的努力。這是天經地義的事。不過，渾身充滿自卑感的人又該如何？要從這種狀態往上爬並不簡單。

以我爲例，我對外貌的自卑感非比尋常。青春期時，我認爲世界上沒有比自己長得更醜的男人，更別說個子這麼矮。中學時代我無法在下課時間去廁所。因爲廁所附近總圍繞著一群學生，我怕他們取笑我的長相。我總是在上課時舉手請老師答應我去廁所。

和林小姐一樣，我的國中生活過得也很痛苦。

功課不好，又沒有藝術方面的天份。儘管美術史和音樂史的成績還行，卻絲毫不擅長畫圖與演奏樂器。

最悲慘的是體育。身體完全不聽使喚，無法隨心所欲的運動。就算理論上明白怎麼做，手腳就是跟不上。跑步很慢，體力也不夠，最討厭長距離賽跑。毫無肌肉可言。總之就是沒半個優點。

無論哪個時代，這樣的學生都會成為衆人笑柄。

我和林小姐一樣，是個遭到霸凌的學生。

我知道自己的自我意識過剩。超乎必要地在意別人怎麼看自己，愛耍帥臉皮又薄。這種不自然的態度成爲同學調侃與厭惡的對象，我在班上受到排擠。

學年旅遊分組時沒有一組要接納我，下課時間也沒有一起聊天的好朋友。校園之大，沒有我容身之處。

當時我的綽號是「章魚」，因爲臉長得圓，又常脹紅了臉。

至今仍記得一個充滿屈辱的回憶。用量角器測量鼻樑的角度時，和其他學生比起來，我的角度最小。因爲我的鼻樑非常低。還記得當時我死命忍住眼淚。

屈辱的回憶還有許多。每天上學都提心吊膽，生怕隨時發生類似的事。

然而，我不斷說服自己遭霸凌是「自己想要的」。所以我故意在同學面前噘起嘴，擺動雙手模仿八腳章魚。

「綽號之所以叫章魚，是因爲我模仿得很像，是我自己要模仿的。」靠這個念頭勉強保住我微薄的自尊心。

事實上，我只是個悲哀的小丑。如果不主動扮演小丑，內心只會更受傷。

對我來說，世界上只有一件事是救贖。

那就是讀書。讀書的時候誰也無法妨礙我。只要進入書本的世界，我就能張開想像的翅膀自由翱翔。不會被誰霸凌，也不會被當成礙事者。書本是我用來忘卻現實的法寶。

學校圖書館裡值得一看的書，我幾乎都讀遍了。

其中我喜歡的書，有兩個特徵。

一種是像《獅子與我》或《怪醫杜立德》等描寫人與動物交流的書。對這類世界的嚮往，說明了我在人際關係上的疏離。

另一種是小田實《什麼都去看》、植山周一郎《三明治高中》、加藤恭子《歐洲的青春》這類旅行紀實或留學體驗的書。那個時代和現在不同，對大部分的人來說，前往外國還是夢想中的夢想。正因爲我與周遭格格不入，所以總是對「不是這裡的某處」懷有憧憬。

不過，我認爲那非比尋常的自卑感，正好成爲凝視自己的原動力。

這一點作家也一樣。作家們都擁有強烈的自我意識。自我意識往往始於自卑感，愈專注在自我意識上，作品就愈有趣，愈有深度。

即使是像小池眞理子那種人稱美女的作家也適用這個道理。別人眼中的美女，說不定其實很討厭自己的長相，也必定懷有其他自卑感。如果不是凝視自己的人，絕對寫不出那麼有力的書。

那麼，身爲編輯的我又是如何？我因爲擁有強烈的自卑感，一和作家說話，立刻就能嗅出對方對什麼感到自卑。我可以說是販賣自卑的百貨公司，這也算是一項特技吧。我會針對作家最自卑的地方往下挖掘，從這裡做出建議。自卑所在之處，正是文學的黃金礦脈所在之處。

我認爲編輯是自己的天職。這都要拜自少年時代不斷與強烈自卑感搏鬥之賜。

順勢讓對方吹捧自己的重要性

林真理子

生命中總會出現把自己拉到更高舞台上的人物。光靠自己力量有限，在正要往上爬的關鍵時刻，若能與有才華的人、帶給自己強大力量的人建立良好關係，自己的能力就會翻上好幾倍，未來也將更加寬廣。

對我來說，年輕時遇見的見城兄，正是這麼一號人物。

第一次見到見城兄，是在我的處女作《買個開心回家吧》剛出版不久時。到了約定的咖啡廳，我不禁有些意外。編輯多半是清瘦的文青型，見城兄卻是個體格健壯的肌肉男。

我不認識當時在出版界已是名人的見城兄。等到他遞出名片，見我還是沒反應，見城兄突然發火：「什麼，妳竟然不認識我嗎？」

他還說：「我體格很好對吧？剛剛才去過健身房呢，我的胸肌會動喔。」

說著，緊身T恤下浮凸的乳頭彈動，向我展示他的肌肉。

我愕然無語。

大概是重訓後喉嚨乾渴的緣故，見城兄用吸管啾啾吸著柳橙汁，上唇沾滿柳橙渣。看到我盯著他看，又這麼說：

「不錯喔，妳很不錯。」

「什麼意思？」

「我原本擔心妳會不會就只是個普通的討厭女人，不過，現在看一眼就知道了。妳全身上下都是冒出膿水的結痂。妳啊，寫得出好東西。」

接著見城兄舉出好幾位得過直木獎的名作家，表示自己就是那些得獎作品的責任編輯。毫無疑問的，這是一種炫耀。奇妙的是聽起來一點也不討厭，因爲他的語氣充滿自信與天眞。然後，見城兄說出一句驚人的話：

「我一看就知道了，妳拿得到直木獎。」

這實在就有點唬爛了。當時我雖然寫散文，卻還沒寫過小說。

「我從來沒寫過小說欸。」

「所以我剛不是說了嗎？妳是能寫小說的人，今後妳會寫小說，絕對拿得到直木獎。」

我像被催眠似的聽著這番話。見城兄用不由分說的語氣如此斷言，這款話術堪稱見城兄的拿手絕活，聽的人無論如何都會飄飄飛上天，不知不覺想照他說的去做。見城兄說原本以爲我是那種上電視，也寫散文的普通輕浮女人，讀了我的散文之後才驚覺我有才華。

「可是，照現在這樣下去，妳只會以譁眾取寵女人的形象很快地退流行，妳肯定也不希望這樣吧？」

我倒抽一口氣。內心最痛的點被他戳中了。

「好，和我約法三章吧。第一件事就是寫小說。這是第一本，我有預感能入圍直木獎。第二件事是在我們出版社的雜誌上連載散文，我會負責想出有趣的企劃。至於第三件事嘛……不要迷戀我。」

最後一句話出乎意料，使我笑出聲音來，完全放輕鬆了。於是，我這麼回應：

「我從以前就是外貌協會成員，看男人很有眼光的，請放心，不會有那種事。」

「女人都這麼說，最後還不是迷上我。」

我前仰後合，笑得更大聲了。

從此之後，見城兄和我幾乎每天碰面，一起吃飯喝酒。那是八〇年代經濟泡沫化前夕最奢華的時代。我們說起來就是一對沒有肉體關係的戀人，精神上的連結比任何人都緊密。

曾有一次，我們兩人正巧從見城兄家門前經過。

「我出門時好像忘了關暖被桌的開關，進去檢查一下，妳也來吧。」說著，帶我進了他家。

「該不會想對我做什麼奇怪的事吧。」我內心小鹿亂撞地猜疑，結果什麼事都沒發生。

和這件事也有點關係的是，我判斷見城兄值得信賴的重點之一是他討厭黃色笑話。只要聽到誰說了下流的玩笑話，他會立刻制止對方，說那太沒品了。像他這樣的媒體人非常罕見。

毋庸置疑，我身爲小說家踏出的第一步承蒙見城兄很大的幫助。不管怎麼說，見城兄非常懂得捧人。他會先說到人心坎裡，把你捧上天，又忽然讓你摔下來暈頭轉向，不得不跟著他的步調走。不只如此，他更能清楚預見對方的未來。「拿下直木獎，推出暢銷書。」是當時我們之間的暗語。

「就是這個人了」。若能遇到讓自己這麼想的人，對方也值得信賴的話，順勢讓對方吹捧自己，或許是一件很重要的事。如此一來，自己一定能更上一層樓，開拓更寬廣的未來。

盡早認清自己的資質

見城徹

我跟林小姐接觸得比其他編輯慢了些，因爲我對湊熱鬧寫散文的流行女藝人沒興趣。

沒想到，《買個開心回家吧》令我讀了之後驚爲天人。她擁有太可怕的才華了。於是我急忙約林小姐見面。

林小姐的文章是那種帶有太多「過剩」的人寫出來的東西。所謂「過剩」，是從平凡生活的框架內滿出來的意思，也代表這個人有無法對自己妥協的地方。作家之類的創作者，往往透過表現這些過剩來與自己達到妥協。我對太晚讀她的作品懊悔不已，不過，我也自認當時與她接觸的編輯中，只有我看出林小姐具備寫小說的資質。

我開始從事文學相關工作的貴人是作家高橋三千綱。當時我還不滿二十五歲，在廣濟堂出版社工作，認識了在東京體育報當記者的高橋三千綱。因為東京體育報打算介紹我編輯的書，碰面討論之後我們便成了朋友。

幾天後，朝日新聞的文藝時評的某段文章吸引了我的視線。

「獲得群像新人文學獎的高橋三千綱先生的作品《打發無聊》展現不同於日本民情的風格……」

雖然也可能是同名同姓，我仍打了電話到東京體育報。

「拿下群像新人文學獎的是你嗎？」這麼一問，高橋三千綱就說「是啊！」。

「那請務必讓我替你慶祝一下。」

在這場飯局之後，我們很快熟稔了起來。

第一次和作家往來，讓目標是成爲文學編輯的我內心興奮不已。

某天晚上，我們約在某間酒吧碰面，我稍微遲到了，抵達時高橋三千綱身邊已坐了一位我不認識的男人。那人身材明明魁梧得像個職業摔角選手，卻沒來由地散發一股纖細的氛圍。

高橋三千綱向我介紹他是「作家中上健次」。

中上健次寫過不少以故鄉紀州熊野「巷弄」爲背景的小說，後來以《海角》一書成爲第一個戰後出生的芥川獎得主。當時他不到三十歲，還是個剛出道不久的作家。

我稱讚他體格好，他就用自嘲的語氣說，光靠寫作活不下去，這是在羽田機場當貨物搬運工鍛鍊出來的體格。

後來，我又認識了和中上健次相熟的立松和平，漸漸拓展與作家們的人際關係。

事實上，那時我自己也在寫小說。或許是老王賣瓜，我也有自信能寫出不錯的作品，也想過要辭去當時在廣濟堂出版社的工作，成爲專職作家。

然而，考慮到生活，對辭去工作一事還是有所猶豫。因爲當時我正與同一年進公司的女同事結婚不久。

我幾乎每天和年輕作家們在新宿黃金街喝酒談天，白熱化的討論還曾令我們大打出手。

是否該辭職成爲作家，這個念頭在我心中搖擺。不受組織束縛，自由自在地生活是我的嚮往。

然而，隨著與他們的交情愈深，我愈發有所自覺。

我知道，「這些人不寫就活不下去」。

他們的內在都滲著血，傷口凝固就結成痂，從裡面溢出膿水。如果不透過文學表現將那些東西往外輸出，就會自己把自己給毒死。

而我身上沒有這樣的東西。就算不寫，我也活得下去。

尤其是中上健次，我從他身上感受到非成爲作家不可的宿命。

中上生於受歧視的「差別部落」，在夾雜異母異父兄弟的複雜家庭環境中成長。不識字的母親深信只要讀書就會發瘋，哥哥在柿子樹下上吊身亡，親戚之間發生過悽慘的殺人事件——

我不由得認爲這一切都是神爲了要他寫小說的安排。中上喝醉時經常說：「我不在這裡，這裡沒有我。」或是在新宿街道旁大喊：「我是個空殼，空架子！」醉醺醺的中上在我腦中留下深刻印象。

中上心裡究竟存在多麼混沌的虛無，我無法理解。無論體格再強壯，這男人身上總是散發絕望的氣味。眼神憂鬱，彷彿只要一不看好他，這人就會馬上消失到什麼地方去。爲了讓自己與現實社會有所聯繫，中上必須寫作。沉溺於酒、性與暴力的生活中，除了書寫，沒有其他救贖。

我沒有那樣的宿命。心想，我還是成爲在背後支持他們的文學編輯吧。不、我也只有這條路能走。

我很幸運，透過與作家的往來察覺自己的資質。在人生的早期階段察覺自己的資質是很重要的事。如此一來，就能看清自己的人生該做什麼。

爲此也該和能帶給自己刺激的人、強烈吸引自己的人建立深厚的關係。

我和中上健次及高橋三千綱幾乎每天在一起喝酒，從中選擇了自己的生存之道。沒有變化、沒有刺激的人生太無趣。我轟轟烈烈地改變了自己的人生。

信任夥伴就能獲得成果

林真理子

我能獲得直木獎，很大一部分仍必須歸功於見城兄的支持。

由見城兄擔任責任編輯，在《野性時代》雜誌上連載的小說入圍了直木獎。作品分別是《星光史黛拉》和《憂鬱的葡萄》。

其中，《憂鬱的葡萄》在等待直木獎評選結果發表時的經驗尤其令我印象深刻。等待的地點是某高樓大飯店中的總統套房。夜景非常美，首都高速公路上的車頭燈串成了一條項鍊。一起在那裡等待的除了我和見城兄外，還有三個編輯。

等待直木獎評選結果的場合氣氛獨特，非常敏感。只有見城兄絲毫不在意當下氣氛，自在地做他自己。不過，那或許是為了避免讓空氣更沉重的一種體貼也說不定。

「好慢哪，這時間電話早該打來了，還不發表太奇怪了。就算沒上，電視新聞應該也出來了，更何況文春的責任編輯也會聯絡我們才是。」

見城兄把每個人心裡最在意的事清楚說出口。

直木獎的評選從當天傍晚六點開始，按照慣例大約兩小時就會結束，由日本文學振興協會的人打電話通知得獎作家。電話內容就像這樣：

「恭喜您，同時通知您即將召開記者會，請移駕東京會館。」

因此，每一位入圍的作家都要事先把自己等待的場所和電話號碼告知文學振興協會。即使落榜，在評選會場的相關人士也會打電話通知。

就在這時，電話鈴聲響起。我這輩子從來沒有被電話鈴聲嚇成那樣。那聲音像一把利刃，刷地劈開房間裡的空氣。

「來了！」

見城兄撲向電話，拿起話筒。我的腳不斷打顫，確實感受到心臟是有形的物體，正喀啦喀啦搖晃。因爲實在呼吸困難，還以爲我眞的要這麼死了。

電話是我秘書打來的，說包括電視台的人在內，大量記者湧入我的事務所，秘書快要應付不過來了。即使落榜也得召開記者會，因爲那時我經常出現在電視與雜誌上。

見城兄說：

「妳眞的好可憐喔。就是因爲會像個明星一樣把事情鬧大，評選委員對妳的印象才會變差。」

評選委員裡確實有一位名家公然表示，不會把直木獎頒給一天到晚上電視的輕浮女人。

「不過，還是好想得獎啊，畢竟我們兩個都那麼拚命了。」見城兄說。過了預計發表的八點，又過了九點，還是沒有接到聯絡。

見城兄再也按捺不住，主動打電話給文藝春秋的熟人打聽消息。這才知道，原來我的作品和另一位作家的作品不分軒輊，評選委員遲遲做不出最後結論。

掛上電話後，見城兄推測起評選委員中哪些人會選擇我，還說明理由給我聽。可是我根本聽不進去。「等待」這個行爲宛如嚴刑拷打，我已達到痛苦極限，從剛才開始身體顫抖得停不下來，不管怎樣就是覺得冷。

一口氣喝乾玻璃杯裡的葡萄酒，前所未有的醉意襲來，就這麼倒在沙發上。

「好想要啊，直木獎。無論如何都想要。」

借著酒意，我熱切地吐出眞心話。正因一直過著與得獎無緣的人生，這個欲望才更強烈。

「好啦好啦，別那麼心急。」

見城兄從背後把手放在我肩膀上，安撫性急難耐的我。不知何時起立場對調了。放在肩膀上的手，有著同陣線夥伴的溫暖。

「想想看，妳開始寫小說才半年。連續寫了三十年才好不容易拿到直木獎的人滿地都是啊。能這麼早入圍已經很厲害了。如果這次不行，兩年內妳肯定會拿獎，這點我可以保證。」

他的話使我瞬間獲得力量，眼眶泛淚。

這時電話響了，見城兄接起電話。聽著他和對方的交談，我心知肚明，自己落榜了。

「很可惜，這次不行。」

見城兄用非常溫柔的眼神看著我——

那時雖然落榜，正如見城兄的預言，隔年我便以《只要趕上末班車／到京都》獲得直木獎。我接受見城兄這位編輯的「鞭策」，拚了命地寫稿，實現了夢想。

見城兄是一位名編輯，這點毋庸置疑。

毫無疑問地，那時無論工作上或精神上，見城兄都是我的伴侶。我徹底相信他，願意跟著他走。

不管做什麼事，只要遇到值得信賴的伴侶，最好抱持把一切都交給對方的心情。如此一來，就不會產生不安。這或許是只有年輕時才辦得到的事。同時，也正因爲年輕，我才得以擁有這樣的機會。

徹底講究細節

見城徹

「神藏在細節裡」。這是某個建築師說的話，其實也能套用在小說上。不只小說，工作與人生也一樣，可說萬事通用。

在印刷廠提供給編輯使用的校稿室內校對完林小姐的短篇小說《星光史黛拉》時，我確信這部作品一定能入圍直木獎。果然不出所料，《星光史黛拉》入圍了。

回顧當時，別說獲得直木獎，根本沒有人認爲林小姐的作品會入圍。大部分人都將林小姐視爲曇花一現的電視咖。

我也沒資格說別人，當初自己還不是用那種眼光看待林小姐。

不過，等到我讀了她的第一本散文《買個開心回家吧》，立刻驚豔不已而且馬上改觀。毫無疑問，那本書裡有的盡是出色創作者的文章。

後來我只要遇到否定林小姐才華的傢伙，一定跟對方吵架。

「你在說什麼啊，我從沒看過內在文學性這麼豐富的人。你到底懂不懂啊！」

林小姐和我不知道針對小說議論過多少次。那可說是名符其實的格鬥，對著攤開的原稿大呼小叫也是常有的事。

「這裡出場的人是什麼樣的人？讀了還是一點也想像不出來。根本聞不到他的體臭啊！妳寫他個子高瘦，因爲抽菸所以聲音沙啞。這只是羅列詞彙罷了，這不是小說，是小學生的作文吧。」

小說是描寫文章的藝術。然而，光是描寫還不行，如果是描寫人物，唯有藉由對細部的描寫，才能令讀者感受到人性及肉體，非得這麼表現不可。

剛開始寫小說的人往往難以理解這一點。爲了讓林小姐理解，我這麼對她說：

「舉例來說，男人坐在咖啡店裡。這時女服務生端上了咖啡，身體往前傾，把咖啡放在桌上。這時，從她的T恤下擺露出了肚臍。那是什麼樣的肚臍？是只寫肚臍，還是仔細地寫出直條型肚臍，給人的感覺會完全不同。唯有像這樣展開細節，寫出來的東西才會成爲小說。」

即使是只出現一次的人物，也得生動描寫才行。服務生放下咖啡時露出的肚臍，是「直條型」還是「長了寒毛的肚臍」，光是這樣的不同，那個角色的人生可能就不一樣了。戲劇和電影看得到角色的表情，小說卻看不到。所以描寫細節才會非常重要。

還差一步就拿到直木獎的作品是《憂鬱的葡萄》。

主角是個只有自我意識過剩，實際上長相一點也不出色的鄉下高中女生。這當然是以林小姐自身為藍本塑造的角色。小說內容靈動地描繪了多愁善感的少女時代，是一部出色的作品。

書籍發行時，我請林小姐加入雜誌連載時沒有的最後一章。在這最終章中，主角畢業後逐漸成了名人，和高中時代校內橄欖球隊的明星選手，也是她曾崇拜的男同學一起去法國料理店吃牡蠣。

主角與曾經崇拜的男性以對等的立場一起吃飯，加入這樣的場景為的是展現林小姐複雜的成就感。林小姐的文學是為她贏來人生的文學。

聽說在直木獎評選時，評審委員針對這最後一章展開激烈的辯論。一般來說，評選會議大約兩小時左右就會結束，那年卻史無前例地花了超過四小時。沒能拿到直木獎固然遺憾，直到現在我仍不認為要林小姐加上最終章是錯誤的決定。

從此之後，包括描寫細節在內，寫小說的技術已在林小姐體內生根。後來她也拿下了直木獎，成爲當今文壇的代表作家。

不過，我認爲堅持細節的重要性並不僅限於寫小說。

在商場上也一樣。

一般人多認爲商場上的生意就是講究效率的經濟活動，其中的人性要素往往遭到輕視。然而，商場上的生意，說到底還不是由「人」經營，當然也由許多感情面的細節構成。

比方說，約定見面的時間。或許很多人認爲只要不遲到就好，我卻不這麼想。和初次見面的人相約時，我一定會提早三十分鐘到。不只因爲我最討厭讓人等，更因爲我認爲對方一定能感受到這份認眞，這會爲生意的結果帶來正面影響。

就經驗而言，愈是大公司的人愈常遲到。這是因爲「自己隸屬的品牌」很容易令人恃寵而驕。

這種事如果連續發生，我就不會再和那個人合作了。就算以後對方哭著來拜託，頂多也只維持表面上的往來。

交換名片的細節也很重要。即使對方並不是我想認識的人，只要見面時自己名片不夠了，事後一定用快遞重新送上，並附一封道歉信。毋庸置疑的，交換名片是兩個初次見面的人最初的儀式。遞出名片的瞬間就能明白對方的爲人。無論腰彎得多低，有沒有心一看就知道。生意成立於人與人之間活生生的往來與經營，和小說成立於栩栩如生的細節很類似。

對這一點的理解與執行程度的差異，將使結果產生天壤之別。

度過瓶頸的方式，決定了人的未來

林真理子

見城兄與我之間有一段「十六年的空白」，直到最近才結束。就在見城兄成立幻冬舍沒多久時，我們絕交了。

在那之前，我和見城兄的關係就像一對沒有肉體關係的戀人。我倆性格非常相似，正因如此反彈也特別大。

絕交時我說了什麼，見城兄又對我說了什麼，幾乎全都想不起來了。唯一記得的是他對我說「就是因為這樣，妳的書才不賣啦」。

這句話深深刺痛我的心。事實上，得了直木獎之後，我的小說銷售量一直不好。

那段時期在我心中有個名字，叫做「霧中的十年」。說得簡單一點，就是低潮期。

獲得直木獎前，我一直認爲自己不配擁有「作家」或「小說家」的頭銜。儘管在見城兄調教下確實感受得到養成的實力，我還是連一次都沒有自稱過「作家」。

當年《買個開心回家吧》成爲暢銷書後，我開始頻繁出現在電視與雜誌上，過著非常忙碌的生活。即使如此，每天晚上一定伏案寫作。

原本的職業是撰寫文案，選擇這份工作的原因則是「只需要寫一兩行就好」。如此投機取巧的我，之所以能不間斷地書寫長篇原稿，想來還是必須歸因於對直木獎的渴望。

局勢對我很不利。有一位評選委員公然宣稱，絕不會將直木獎頒給像我這種一天到晚上電視的輕浮傢伙。

對我來說，獲得直木獎當然帶來很大的喜悅。然而，批判我的聲音也沒因此消失。

倒不如說，「那種人憑甚麼拿到直木獎」的聲浪反而變得更大。

我不想成爲一個拿到直木獎就此玩完的人。我想寫出好作品，建立身爲作家的地位。我認爲如此一來，那些不中聽的聲浪肯定會消失。

於是，不只戀愛小說，我也開始寫起傳記小說、親情小說等各種類型的小說。有時連自己都覺得寫得眞好，但就是不賣。

灰心喪志時，腦中總會浮現見城兄的表情與聲音。

「就是因爲這樣，妳的書才不賣啦。」

絕交前的見城兄也是我打從心底尊敬的人。不管怎麼說，是他爲我開拓成爲小說家的道路。

這樣的見城兄，現在已經不在身邊。

然而同時，我也很想讓見城兄再次對我刮目相看。既然見城兄說我的小說不會暢銷，只要寫出暢銷書，就能讓他跌破眼鏡了。

連續幾本書都不賣的話，作家將從市場上消失。這一行就是這麼現實。可是，若無法擺脫這種恐懼，那更是什麼都別想寫出來。一本書會不會暢銷，我才不管，就是要埋頭苦幹，不斷地寫，到最後已經進入某種達觀的境界。

包括報紙和雜誌，我接了好幾個連載專欄。也有人好心提醒我，這種寫法會把筆鋒寫壞，最好別這麼亂來。我一點也聽不進去。

低潮期就像在濃霧中徘徊，看不到前方。可是我心裡很踏實，清楚感覺自己的實力隨著書寫不斷累積。

我認為每個人在成長時都需要一點逞強。這種時候，超出原有實力的努力是必要的，不是嗎？

預設「我的實力只到這裡」不是一件好事。萬一還有尚未開發的潛能，卻被自己套上劃地自限的框架，成長將就此打住。這眞是非常可惜的事。

低潮期更是如此。低潮期其實也是能夠吸收更多的時期。正因如此，需要比平常更有毅力。

我之所以能在如此艱難的時期打起精神努力，說到底還是拜見城兄所賜。只不過，這次他的存在意義和過去相反。

我一心想讓見城兄後悔，這樣的心情成了我奮起的原動力。

就這樣，從獲得直木獎之後又過了十年，我終於在一九九六年擺脫低潮。這一年，我寫的外遇小說《不愉快的果實》成爲暢銷書。

我大呼快哉。

「見城，你看到了沒！」

回首過去，要不是陷入低潮期的那十年持續不斷地努力，現在我一定無法繼續當個作家。

對我來說，那是一段非常值得自豪的時光。

在這段時光中，我一直將過去的盟友見城兄視為仇敵。

人生中總會遇上痛苦的時期，未來人生將如何發展，往往決定於這段時期如何度過。如果在此放棄，一切也就玩完了。可是，若能換個角度想，這將成為積蓄實力的時期。

別怕人家說你宅

見城徹

和林小姐絕交那長達十六年的空白，對我來說也很痛苦。

我們兩人都懷抱太多「過剩」，註定無法度過普通的人生。我和她太像了，說是精神上的雙胞胎也不為過。

正因如此，一旦反目，就會引發強烈的近親憎恨情緒。

當時我對林小姐總是滿嘴批判，不過，出發點全都是希望她能寫出好作品。當恨鐵不成鋼的心情到達頂點，我們絕交了。

我認為林小姐的文學原點，是那部與直木獎失之交臂的《憂鬱的葡萄》。那是擔任文學雜誌《野性時代》編輯的我和她共同拚命完成的作品。

《憂鬱的葡萄》以林小姐自身的高中時代爲題材。書籍出版時，我請她加上連載時沒有的最後一章，描寫長大後的主角與高中時橄欖球隊的明星球員一起用餐的場景。

如果問我爲什麼要這麼做，我會說，這是主角出人頭地後的報復。我認爲，林小姐的文學一定要處於精神飢渴的狀態。正因具備這個，她的作品才會如此清新靈動。

但是，總覺得拿下直木獎後，林小姐就失去了精神上的飢渴。金錢、名氣、榮耀、婚姻……林小姐一步一步得到她冀望的東西。這並不打緊。

問題是，無論得到什麼，她的內心深處應該還是充滿飢渴。唯有聚焦於此，深入挖掘，林小姐的文學才會散發光芒。

那時，我認爲林小姐開始安於幸福的生活。這麼一來林小姐的文學將會失去生命。恨鐵不成鋼的我對她說了很多過份的話，現在回想起來眞的非常抱歉。

不管怎麼說，我就是喜歡有才華的人。我之所以從事編輯工作，也是爲了與各式各樣的才華相遇。

才華使我陷入狂熱。我渴望陷入狂熱。說得更正確一點，我希望用狂熱塡滿整個人生。因此，一遇到有才華的人，我就會盡可能刺激對方。只要能刺激出好作品，我就會更加狂熱。

顯而易見的，林小姐擁有的才華能引發我的狂熱。正因如此，我才會對她說那麼嚴厲的話。

所有出色的作品都只能從一個人的狂熱中誕生。反過來說，沒有狂熱的地方就沒有創造。從沒有狂熱的地方產生的作品，到最後還是無法打動人心。

寫作這件事，對林眞理子而言也是一個人的狂熱。

這來自區區一個人的狂熱，很快就會成爲將衆人捲入的巨大漩渦。

認識林小姐不久，我立刻狂熱於她的文學才華。那時她身邊已經吸引很多人聚集，但那些人想的只是眼前的利益。

我對她的評價既獨到又孤獨。我經常和一點也不想理解她深度的人吵架。

我孤獨的狂熱熊熊燃燒，逐漸演變爲燎原大火。她先是成爲直木獎作家，現在更成爲文壇大師，還擔任起直木獎評選委員，這些榮耀使我引以爲傲。

不過老實說，直到最近我才終於能夠坦然地這麼想。在那段絕交的空白期，有一次我忽然很不希望林小姐成爲直木獎評選委員。因爲我認爲，林小姐一定不會把直木獎頒給幻冬舍出版的作品。

壞的預感總是特別準。就在我產生那個想法的一年後，林小姐當上了直木獎評選委員。

然而，她的評選很公平，我擔心的事完全沒發生。我爲做出那種想像的自己感到可恥，同時發現自己已無法忍受和林小姐疏遠這件事。

沒什麼比和林小姐重修舊好更令我開心。

當初陷入狂熱，一頭栽進林小姐文學世界的我沒有看走眼。我們再次合作，我也再次對她的才華燃起狂熱。

不知從什麼時候開始，人們習於將專注投入某一領域的人稱爲「阿宅」。說起來，這詞彙總帶點揶揄的味道。

比方說我，從小學就是個「愛看書的阿宅」。

阿宅這詞彙用在運動迷等許多人共同沉迷的嗜好時，聽起來還算健全。然而，用在單獨進行的事時，聽起來就不知怎地有點可恥。

如果把這種想法當眞而打算放棄宅屬性的嗜好，那又太愚蠢了。創造什麼的時候，「一個人熱衷投入」是不可或缺的過程。

若是刻意避開這個過程，創造出來的東西大概也不值一提。

就算被說宅也不用在意啊。我反而覺得，「對某事狂熱的人」是個值得自豪的稱號。

批判別人時應該注意的事

林真理子

這本書還在討論階段時，見城兄讓我看了百田尚樹先生的作品《殉愛》[2]。寫得非常好，我幾乎是半熬夜地一口氣讀完。

那是一本紀實小說，描寫人稱「關西收視率之王」的家鋪隆仁先生與遺孀之間的故事，內容敘述家鋪先生罹患食道癌後，妻子如何照顧、陪伴他走過生命最後一程。這位遺孀與家鋪先生相識於他過世前兩年，

2　譯註：《殉愛》一書由見城徹主導的幻冬舍出版。

年紀比他小三十多歲。書中除了描寫她無微不至的看護，也提到兩人在家鋪先生臨死之前才登記結婚，以及直到最後兩人都沒有肉體關係的事。

我對秘書畑山及認識的編輯提起《殉愛》，才知道原來這本書在網路上大受撻伐。原因是這位遺孀曾有多次婚姻紀錄，和書中給人的純潔無暇形象有所落差。如果作品是虛構的小說也就算了，偏偏《殉愛》又是基於事實寫成的非小說。

一般來說，這明明是八卦週刊雜誌一定會寫的話題，卻沒有任何一家大出版社報導。

我覺得很奇怪。即使百田先生是個暢銷作家，對出版社的收入貢獻不少，現在這樣根本就是控制言論的做法。於是我在自己於《週刊文春》上的連載專欄提了這件事，網路上似乎出現不少同意我的聲音。後來，八卦雜誌才開始報導這個話題。

接下來要和見城兄碰面時，我曾以爲氣氛可能會很尷尬。不過，見城兄一點也沒有表露不悅，反而對我的行動表示認同，兩人在融洽的氣氛中聊了這個話題。感受到見城兄寬大的度量，我覺得很高興。

我在網路上也被罵得很慘。若說網民對公衆人物有所偏好，我肯定是被討厭的那一種。前幾天網民才剛在我的部落格大鬧一場呢。

不過，我在批判什麼時，一定會用自己的名字發言，這次也一樣。這麼做，自己必須承擔遭受批判的風險。

在網路上匿名說人壞話不用背負絲毫風險，但是要知道，這麼做也同樣不會有任何收穫。若是投書報章雜誌，因爲不能匿名，寫文章時多少會用點腦袋。網路上的發言則連這點程度都沒有。

我至今公開發表的批判中，引起最大風波的應該是一九八七年的「美齡論戰」吧。事情的開端是影星陳美齡以理所當然的態度將自己年幼的孩子帶到電視台等職場，遭到我與中野翠等人公開批判。由於整件事波及很多人，最後發展成一場論戰。

最令我火大的並不是陳美齡小姐，而是當時日本對中國的風氣。當時的日本對中國抱持非今日所能想像的強烈贖罪意識，而我並不是很喜歡像是朝日新聞報那種情緒性的和平主義。

事實上，讀了我對陳美齡的批判之後，有些人還寄恐嚇信給我。

「從前日本對中國做了那麼多壞事，妳為什麼還要欺負可愛的中國女性？」

「在職場上抱抱嬰兒能讓大家心平氣和，有什麼不好？」

對於這些言論，我的主張是「並非所有人都認為別人的孩子可愛」，這個想法至今依然不變。我自己就盡可能不讓孩子出現在引人注目的地方，舉例來說，我的孩子年幼時，我絕對不會讓他們搭新幹線的頭等車廂。

憑著身爲作家的良心和自己的個性，我說自己想說的話。當然，因爲提出批判時一定具名，我也有自己的一套原則。

首先，我絕不講髒話。有時能讀到某些人在具名文章中使用髒話，那根本無法獲得讀者共鳴。說不定對批判的對象還更有利。

我也不會用「關於你的事，有人這樣說」或「關於你，我聽過這種不好的評語」等方式發表言論。借刀殺人這種事太卑鄙了。

還有，最好不要舉著社會正義的大旗批判別人。

不流於感情用事也很重要。每個人遭到批判時都會忍不住火大，這時如果被憤怒牽著走，用書寫發洩心情，寫出來的文章絕對無法獲得共鳴。

此外，提醒自己「我誰都不是」也很重要。與人論戰時切記站穩腳步，若用傲慢的態度面對，這種態度反而容易成為批判的對象，遭到攻擊時也不容易還擊。

最後是幽默感。應該說這是絕對不可或缺的一點。所謂批判，說到底就是說人壞話，無論寫出來的內容如何，讀完之後一定會留下不舒服的感覺。幽默感可以減輕這種不舒服。很少遇見自己遭受批評時反而笑出來的例子，但我每次都一定會朝這方向努力。

培養對他人的想像力

見城徹

正如林小姐所說，現在網路上充斥各種驚人的謾罵貶抑。

如今，網路的力量已不容忽視。網路具有匿名性，不用負絲毫的責任。在《殉愛》這部作品中，遺孀的婚姻紀錄和作品主題關聯不大，所以才刻意不提，若撇過這部分不看，我認為這是一部描寫為愛犧牲奉獻的傑出愛情故事，希望大家都能讀一讀。

然而，拿遺孀的婚姻紀錄借題發揮，網路上各種不負責任且充滿惡意的留言橫行。因為匿名，想寫什麼都可以。

世界上不可能有匿名的報導者。只要是匿名的網路留言，它的正當性就絕對不可能得到認同。

不過，正因匿名所以有趣也是不爭的事實。寫下對別人的批判時，人人都會產生某種程度的快感。這是網路潛在的問題，網路可以說是惡魔的發明。

從另一個角度看，也沒有比網路更方便的東西。舉例來說，想知道某句格言出自誰口，在沒有網路的時代，必須動身到圖書館，搬出百科全書查找，是一件非常麻煩的事。不像現在，只要上網搜尋，馬上就知道了。

然而，這眞的是一件好事嗎？

對人類來說，方便不代表一切。像我，就是以自卑感爲跳板，從中獲得工作與生活力量的人。要是在我少年時代已有網路，輕易就能在網路世界中發洩自卑帶來的憂鬱，我的人生或許沒辦法活得如此充實豐富。

人一定要累積負面能量才行。負面能量發酵產生的力量能使我們完成某些事，擁有更豐富的人生。

在寫這本書時，我開始玩Cyber Agent的藤田晉與堀江貴文共同開發的應用程式「755」。這是一款可以讓一般人和秋元康或AKB48等名人在上面互動的社群網站。我在上面也被歸類為「名人」。

在社群網站上，經常可以認識素未謀面的人。雖然也有人從中發展成現實生活中的人際關係，基本上，網路上的互動不過是一種虛擬現實。

就算網路再發達，依然改變不了我們身處的現實世界。過度依賴網路，活在與現實世界差異太大的虛擬現實，只會使人變得膚淺又瘋狂。

我認為，躲在網路上發洩不滿的人不但成不了什麼大事，甚至無法擁有充實的人生。因為累積負面能量也是活得健全的必備條件，他們卻沒有這麼做。

戀愛能爲工作與人生帶來很大的動力，正是因爲戀愛最容易產生負面能量。因爲沒人愛或得不到喜歡的異性青睞，把這股不甘的負面情緒化爲生活與工作能量，這樣的人才會愈來愈有魅力。

不光是如此，沒有什麼比戀愛更能培養「對他人的想像力」。

我認爲工作時最重要的就是對他人的想像力。工作這件事，徹頭徹尾發生在「人與人構成的世界」，若無法體察對方的心情，工作就不可能順利。

正如我們常用「事務性」這個詞彙形容工作上的「公事公辦」，「工作」這件事在一般人眼中經常呈現講求效率、不講人情的一面。我卻不這麼想。即使乍看之下確實如此，一旦深入其中，就會發現那是個充滿人性的世界。人的情感與喜好流動其中，對整體造成巨大的影響。不能理解這一點，只想靠利害關係判斷的人不可能成功。至少我從沒見過。

編輯這份工作，主要是與包括作家在內的各種創作者交流互動。我隨時都在思考，該說什麼才能讓對方受到刺激。那不能只是批判。必須幫助對方察覺靠自己察覺不到的事，提高對方的創作意欲。

如此一來，對方也會開始想，只要跟這個人一起工作，說不定能讓自己站上另一個新舞台。

擁有對他人豐富想像力的人具有某種吸引力，這種吸引力將緊密締結雙方的力量，引發彼此能量的相乘效果，產生更大的成果。

這就是爲什麼，在工作上「對他人的想像力」比什麼都重要。

想培育這種想像力，最好的方法就是戀愛。沒有什麼比戀愛更能鍛鍊人的想像力。

陷入情網時，人對自己的言行舉止變得非常敏感。自己說的話、做的事，對方會怎麼解讀呢？戀愛中人總是花上平時的十倍時間煩惱這種事。名符其實的「對他人的想像」，就從這裡展開。

自己的心情再怎麼強烈也控制不了大局，這就是戀愛。只能一邊揣摩對方的心情，想辦法吸引對方注意。這種時候的能量是很驚人的，戀愛之所以能促進對他人的想像力，原因就在這裡。

過度依賴網路的人，理所當然疏於戀愛。畢竟，就算現實之中無法獲得異性青睞，只要封閉在網路世界裡，一切都能隨心所欲，絕對不用怕受傷。

待在一切按照自己想法進行的地方，又怎麼可能培育出對他人的想像力？異性和他人一樣，都是與自己擁有迥異思考迴路及價值觀的人。

透過網路發洩負面情緒，確實可以獲得某種程度的快感。然而，一旦過於依賴這種模式，也肯定會喪失與他人建立關係的基礎能力。

現代人已經離不開網路，因爲文明無法倒行逆施。今後，我們人只能想辦法和網路和平共處。

不過，絕對不要忘記，網路也具有侵蝕人類豐富想像力的缺點。

Chapter 2

工作使人成長

沒有什麼比工作更能使人成長

林真理子

我是個自我表現欲強的人。這可不是我自認，也是許多人公認的事。

高中時暱稱「瑪麗蓮夢露」，在地方電台擔任ＤＪ，也曾想朝女演員或歌手的方向發展。1980年代，我眞的像電視明星一樣上遍各大節目。

每個人自我表現欲的程度都不一樣，我總覺得那是天生的。

如果以50爲自我表現欲的平均值，超過80的人不是成爲職場上活躍的女強人，就是會自己創業。反過來說，不到20的人可能就甘於做一個家庭主婦了。我個人的自我表現欲非常強，可能有超過130。

儘管和過去的時代相比，現在男女已經平等多了，但日本依然是個不利職業婦女的社會。就連自我顯示欲只有20左右，像過去日本社會中大多數女性一樣早早結婚的專職主婦，在現代社會中的生活也未必過得很順遂。

更別說是自我表現欲超過80的女性，一路走來自然跌跌撞撞。畢業之後開始工作，到了將近三十歲時，首先面臨的是結婚這道巨大的障壁。即使是有男朋友或找到好對象的人，在面對結婚這個現實問題時，能夠輕易放棄工作的人並不多吧。因爲那代表了必須拋棄好不容易累積的收入與資歷。

縱然如此還是告訴自己，女人就應該進入家庭，成爲專職主婦。不久後有了小孩，暫時可以將熱情投注在育兒上，等孩子長大一點，教育問題又將佔據心思。

然而，等到孩子終於長大獨立，女性打算再次投入職場時，一個當了十幾年專職主婦的人找起工作來可就傷腦筋了。

年輕時累積的那一點資歷，這時派不上任何用場。這個社會很現實，一個年過四十又沒有資歷可言的女人找不到什麼條件好的工作。站在當事人的立場，又因爲沉浸在自己年輕時的形象而不願意妥協。

我這麼說絕對沒有看輕專職主婦的意思。每天做出美味的料理，把家裡打掃得一塵不染是我辦不到的技能。

正如前面所說，每個人的自我表現欲程度不同，程度輕微的人選擇成爲家庭主婦，我認爲那也是一種生存之道。

可是，程度接近或超過平均值的人，結婚後應該繼續工作比較好。

這是因爲，沒有什麼比工作更能讓人成長。

一邊做家事、照顧丈夫與孩子的生活，一邊還要工作，這是多麼辛苦的事，我當然明白，當個單純的家庭主婦要輕鬆多了。

但是，出社會工作，每天和別人接觸能將心智與能力磨練得更強大。這是工作最棒的地方。

最重要的一點是，工作時遇到討厭的事也非忍耐不可。薪水可以說是一種「忍耐費」。忍耐力是支持人活下去最重要的力量，工作上的忍耐可以訓練我們養成這種力量。

不過，可不是一味忍耐就好，同時也得表達自己的意見才行。資歷淺時人微言輕，意見多半不被採納，隨著資歷的累積，說的話就慢慢開始有了份量。這不也是工作的樂趣之一嗎？

工作表現好的人社會評價也高。這樣的人並非只有工作能力強，也透過工作獲得強大的忍耐力與包容力。這就是爲什麼，工作表現好的人往往也是出色的人。正因如此，才會獲得來自周遭的好評。

每個人的起點都是家庭，經歷過校園生活後才畢業出社會。大多數人剛出社會時，都會驚訝於現實的不如己意。在家人與朋友之間行得通的做法，拿到社會上可能行不通。就眞正的意義來說，此時學習才正要開始。如何面對現實，將影響此後成長的程度。

這個觀念不只適用於女性。

現在還在公司上班，或是曾在公司上班的人，請試著回想公司裡那些男人。

公司這種地方不是只有能力高強的上司和年輕氣盛，前途無量的年輕員工。也有快要退休，坐在角落蒙塵幾乎被遺忘的人，或是無望出人頭地，只能幹些閒差，臉上寫滿不爽的人。

公司裡良莠不齊，什麼樣的人都有。就某種意義來說，公司是殘酷社會的縮影，也可說是人生的縮影。

看到際遇不佳的人，或許教人忍不住同情。即使如此，還是必須接受這嚴苛的現實。

社會與人生多的是不合情理的事。出社會工作，有時也是爲了學會面對這樣的現實。

想受歡迎的心情，無論何時都很重要

見城徹

林小姐說自己是個自我表現欲強的人，和她往來這麼久的我，比誰都要清楚這一點。經歷種種艱苦奮戰，林小姐走出一條屬於自己的道路，獲得想要的東西和莫大的成功。

然而，林小姐絕對不是一個只有自我表現欲的人，同時有很大一部分的她由下意識構成。兩者之間言語難以形容的比例，正是林小姐最大的魅力。

不只限於林小姐，所有優秀的創作者及工作表現出色的人，各個都有很強的自我表現欲。

向他人展現自己的優點，希望他人認同自己。創作與工作表現的能量正來自這種心情。

回過頭來看看我自己，毫無疑問也是如此。而且，我的情況可說更加單純。我的目的無他，只是想受女性歡迎，說我為此工作也不為過。

我對長相的自卑感比人強一倍，如果什麼都不做，女人連看也不會看我一眼。然而，只要努力工作，表現帥氣的一面，就會有人對我說：「見城先生，你好棒」。說不定哪天就能吸引意中女性的注意。

所以我才這麼拚命投入工作。

也有人說自己年輕時很想受歡迎，隨著年齡增長就不這麼想了。我認為這樣的人對工作的欲望也會減少。

為了永遠都能吸引女人注意，我會持續努力工作。

我以爲林小姐一路走來一定也抱著和我相同的心情，沒想到最近問她，才知道不是這樣。

如果因爲太胖這種原因被男人甩，她會說：「說不定哪天就瘦下來了，等著吧！」。林小姐和我不同，她是個超級樂天派。

毫無疑問地，自我表現欲一定能成爲工作的原動力。可是，光有這個還是不行。我的主張是，還必須擁有相同程度的「自我厭惡感」才行。

同樣的道理也能套用在異性緣。

乍看之下外表長得不錯，不用特地做什麼也受異性歡迎的人，幾乎毫無例外的，內在往往沒什麼起伏。因爲他們不用逼自己做什麼，也不用勉強自己，所以不會受到自我厭惡感折磨，也不會陷入無力沮喪的感覺中。簡單來說，就是他們不曾經歷「負面情感」。

像我這種人，有時充滿自信，有時又會喪失自信，一蹶不振。

正因在自我表現與自我厭惡之間搖擺，才會掀起風，產生熱能，成爲那個人的性魅力與獨特氛圍。

爵士歌手艾靈頓公爵有一首名曲《不搖擺就沒意義（If It Ain't Got That Swing）》。正因在自我展現與自我厭惡之間搖擺，人才會產生吸引別人的氛圍。

從事編輯這一行，讓我認識許多作家和音樂人，他們都是擁有強烈自我表現欲的人。這種時候，比起自我表現，我會更注意他們自我厭惡的地方。是否能創造出色的作品，取決於自我厭惡的多寡，我的工作就是看穿這一點。只有自我表現欲而沒有自我厭惡感的人，頂多只能成爲膚淺的野心家。

編輯必須不間斷地揣想作者創造的東西看在讀者或閱聽人眼中的模樣。沒有自我厭惡感的作家絕對不可能創作暢銷作品。

一個好作品的條件，就是不斷在自我表現欲與自我厭惡感之間搖擺。

這個道理不只適用於作家和編輯，對一般商務人士來說也一樣。唯有在自我表現欲與自我厭惡感之間擺盪的人，才能漸漸成長壯大，在工作上獲得成就。獲得成就之時，也可說是那個人的魅力開花結果的時候。

一如林小姐所說，我也認爲拚命工作能鍛鍊一個人的心智與能力。

幻冬舍出版的男性雜誌《GOETHE》有一句廣告標語——「有愉快的工作才有愉快的人生」。沒錯，我認爲工作就等於人生。

或許有人會說我這種想法太極端。但是，工作不順利的時候，不但飯吃起來不美味，假日打的高爾夫球也一點意思都沒有，各位一定有過這種經驗吧。

也有人說，工作充其量只是維持生活的手段，與家人共度的時間及充實的私人生活才是人生的目標。

我才不相信這種面對工作的態度。

再怎麼說，手段只是其次。可是一般人從早工作到晚，可以說一整天都花在工作上，而人生又是由每一天累積而成。如果累積每一天的只是「其次」的東西，不覺得這樣的人生太空虛了嗎？

人生只有一次。沒有全力以赴就結束的話，臨死之際一定會後悔至極。

那是我最恐懼的事。

把做白日夢的能力發揮在工作上

林真理子

每個人都想受歡迎，雖然不到見城兄的程度，我的這種心情也比一般人強烈許多。

高中時，坐在教室裡的我，看得見窗外校園中，心儀的男生正在玩傳接球。不管我凝視他多久，對方就是不看我一眼。我想盡辦法吸引他的注意，甚至將課本丟出窗外，還是沒有奏效。

有一次，那個男生丟的球打破窗玻璃，碎片刺傷我的手。男生跑過來，看著我流血的手問：「妳沒事吧？」

我深深陶醉在那個當下，手上的痛都不算什麼了。心想，我流著血的手看在男生眼中一定很性感。

就像這樣，我的自我意識從以前就很強。不過，那個男生很快就跑掉了。

世上有很多衆人公認的美女，也有非常受異性歡迎的女人。我們高中就有一個五官深邃如混血兒，非常漂亮的女生。雖然她很受異性歡迎，我卻不怎麼羨慕。原因很簡單。

我所嫉妒的，是莫名其妙受歡迎的女生。其中有一個女生，明明長得不美，卻一天到晚被高年級生約到頂樓告白。長大後的現在，我當然知道那是爲什麼，因爲她擁有男人喜歡的媚態。

打排球時，那個女生的腳抽筋，男生們立刻一擁而上，拚命爲她壓腿，幫她舒緩抽筋的肌肉。

我羡慕得胸口都要漲破了。即使手受傷流血，我也只換來喜歡的人一句：「妳沒事吧？」和她的差異之大，令我深深受傷。

長大之後進入媒體也一樣，受歡迎的女人動不動就有人示愛。年輕時我很羡慕這樣的女人，現在則不了。

要說原因的話，因爲我開始覺得坐等男人示愛的人生太麻煩。像現在這樣主動追求，好不容易才能展開交往的模式正適合我。

一如見城兄所說，沒有自卑感或心靈沒有受過創傷的人寫不出小說。這是眞的。

喜歡的人總是看也不看我一眼。就算順利交往，不久就會被甩。如果我的人生沒有這些負面的部分，我的文學一定無法成立。

一有喜歡的男人，我就會努力討對方歡心。我挑男人的標準高，向來都和高規格的男人交往。（年輕時交往的對象都和見城兄見過面，他也承認這一點）。

不過，最後我總是被甩。原因我也明白，因爲兒時的自卑感在我體內根深蒂固，對方終究會察覺。

一旦開始交往，我就會對男人付出一切。就算原本佔上風的是我，上下關係也會漸漸失控。到最後，我就被甩了。

和我正好相反的，是所謂「小惡魔型」的女人。這種型的女人從少女時代就受異性歡迎。即使答應約會，最初兩三次多半會放對方鴿子，赴約時遲到一小時也不當一回事。若是對方開車來迎接，往往讓人等上幾十分鐘才走出家門。此外，也會央求對方贈送昂貴的禮物。正因爲她們有絕對的自信，毫不懷疑自己是受歡迎的女人，所以才做得出這種事。

那是我一輩子學不會的技能。以我的例子來說，對方什麼都還沒說，我就會先貼心地想好一切。結果就是被看輕。不管和多有錢的人交往，我也不曾用過對方的錢。這就是我談戀愛的模式。

事實上，我經歷過太多痛苦的戀情。對方提分手時，哭喊著「我要死給你看！」的事也不是沒有發生過。

打從少女時代，我就知道自己只能談這種模式的戀愛。我想，自己大概無法在戀愛中得到冀望的東西。既然如此，我暗自下定決心，這輩子至少要結婚生子。因爲我堅信這樣才能彌補戀愛的缺陷，獲得幸福。我不是那種打從心底追求自由，不結婚不生小孩也無所謂的女人。

另一方面，從少女時代起，那種對戀愛的飢渴給了我做白日夢的能力。

這種能力始於國中。當時，我看了電影《亂世佳人》，在電影院裡嚎啕大哭。不是因爲感動，而是羨慕主角郝思嘉，想像她那樣穿上美麗的禮服，活在有絢爛戀情的世界。然而，現實中的我生活在山梨縣的鄉下地方，從沒談過一場像樣的戀愛。這實在太不合理又太窩囊了。從此之後，我開始做起各種浪漫的白日夢，不用說，女主角都是我。

我之所以能寫小說，都要拜少女時代培養的白日夢能力所賜。如果我是一個滿足於現實的人，恐怕無法成爲作家。

不過，不僅限於作家，各種工作都需要做白日夢的能力。對現實生活的不滿是培養這種能力的溫床。正因有所不滿，才能改變現狀，實現自我。

搞定戀愛的人也能搞定工作

見城徹

和林小姐一樣，中學時代的我也活在想像中。原因很簡單，因爲我不但被霸凌，還一點都不受異性歡迎。

當時的我，只能從兩個想像世界中獲得救贖。

一個是書本的世界，另一個是關於初戀的女孩。國中時小我一屆的她，頭髮又多又黑，白皙的肌膚透明又細緻。她的一切都是那麼清晰深邃，一對大眼睛閃閃發光。換句話說，就是典型的校園偶像。

「像我這種人，她一定完全看不上眼」。儘管這麼想，每當在走廊上與她擦身而過，內心總是痛苦得不得了。

不受任何人青睞的我，連告白的勇氣都沒有，只能在想像中享受與她談戀愛的喜悅。正如林小姐說的，這是「做白日夢」。

上高中後，圍繞我的氛圍產生很大改變。相較於國中時的完全不用功，上了高中後，我每天花一小時左右預習複習，成績漸漸突飛猛進。其中我最喜歡的科目是英語，幾乎每次考試都拿滿分。

我隸屬的生物社團，每年春秋二季都和文化社一起舉辦橄欖球對抗大賽。大賽前所有社員一起練習橄欖球，使我開始熱衷運動。

讀書與運動充實了我的高中生活，和國中時不同，大家開始對我刮目相看。

升上二年級時，我初戀的女孩以一年級新生的身分入學了。睽違一年的她身材更修長，成長爲比以前更漂亮的美少女。

多了一點自信的我，開始想向她告白。我一直找尋機會，卻始終沒有勇氣踏出那一步。

高三那年二月，我考上慶應義塾大學，確定隔年春天就要前往東京。對畢業在即的我來說，唯一的遺憾就是初戀的她。畢業之後就再也見不到面了，這麼一想，我鼓起所有勇氣寫了一封信給她。

「從國中到現在，妳一直是我心目中的女神，無法表達這份心意就這麼畢業太痛苦了。我喜歡妳，寫這封信只為告訴妳這件事。隨信附上我想看的電影預售券，妳是否願意和我一起去看呢？電影票有兩張，若是這封信對妳而言毫無意義，請和妳的朋友或家人去看。能和妳在同一所學校度過這段時光，我很幸福。」

這時候我甚至連一次都沒和她說過話。收到這樣的男生寫來的情書，她一定會很驚訝吧。

即使沒有回信，我也已心滿意足。這麼一來，我就能了無牽掛地前往東京——內心半放棄時，收到了她的回信。

「我也一直很在意你。」

淡藍色的信紙上，以流利的筆跡寫著這句話。我幾乎懷疑自己看到的，心想該不會是做夢吧，揉了好幾次眼睛。接著，我匆匆拿起筆。

「謝謝妳，光是能得到妳的回信都令我難以置信。電影還有一陣子才上映，如果妳願意，在高三畢業典禮那天，和我一起去三保松原散散步好嗎？典禮結束後，我會在校門口等妳。」

那天帶著羞赧的笑容出現在校門口時的她，我一輩子都不會忘記。

我們就讀的清水南高校就在三保松原附近。我倆繞校園一周，步上海灘散步。一抬頭就看得見富士山，眼前是春天平靜無波的海面。海風吹起她的長髮，飛上我的臉頰。那時，我真希望時間就此停止。這是我人生中最甜蜜的回憶。

我還想繼續和她在一起，可惜兩星期後就要到東京去了。我對她說：「大學畢業後，我應該會在東京工作，或許很難再回到清水。可是，無論花上四十年或五十年，我一定會回到這片海灘。妳願意和我共度人生嗎？」

她看起來很驚訝。在海浪聲中，我沒能聽清楚她的回應。我們一直走到三保松原，再一起搭公車回家。

一年後，她也考上東京的大學，到東京生活了。

我們開始往來彼此住宿的地方。受到熱衷學生運動的我影響，她也一起參加抗議活動。聽到哪裡被拒馬封鎖，我們就帶上棒棍一起去支援，聽到哪裡有示威遊行，也會戴上一樣的安全帽出發。我們總是形影不離，在我那間只有一點五坪大的租屋處分吃一個便當，每天走路到附近的澡堂洗澡。完全是輝夜姬[3]暢銷單曲《神田川》歌詞裡的世界。

至今，聽到「唯有你的溫柔使我恐懼」這句歌詞還會心痛。

我的這段初戀始於國中二年級，在高三畢業那天修成正果。

到了這把年紀，我深深體認自己對工作和戀愛的態度一致。

年輕時，愛上的不是等級高出自己太多的校花，就是普通男生高攀不起的女生。我想，這或許出於我想彌補自卑感的可笑心情。

工作也一樣，我會給自己設下按照常理不可能跨越的門檻，為了克服障礙付出壓倒性的努力。然後，在最關鍵的時刻一決勝負。

因爲就經驗得知，只要付出壓倒性的努力，一定會有所回報。

持續不放棄、不間斷地努力，心意總有一天能傳達。

3 譯註：〈輝夜姬〉日本八〇年代的民謠三人組。

如何讓上司站在自己這邊

林真理子

即使男女平等的觀念已經進步許多，仍不改日本是個男性社會的事實，這一點在職場上尤其明顯。和過去不同，現代女性也投身職場，加上晚婚趨勢，外出工作的女性無論人數或期間都是過去比不上的。

男性社會對女性的不公不正是不可否認的事實，可是，無論再怎麼大聲強調這個事實，社會也很難就此改變。聰明適應現狀的做法比較實際，得到的東西也更多。

我認識好幾位女性經營者，看著她們我總深深感慨，成功的女性果然具有「被男性疼愛」的才華。

說「被男性疼愛」，聽起來好像很齷齪，其實我沒有暗示什麼的意思，也不只是指她們單純附和男性的喜好。她們總穿得光鮮亮麗，遣詞用字和舉手投足都給人「調皮淘氣」的感覺，男人忍不住就被她們逗笑了。不過，這一切都經過她們精心算計。

在上位者最喜歡「可愛的小傢伙」，這一點從以前到現在都沒有改變。既已生在男性社會，不討男性歡心就很難實現自己想做的事。我認爲主動扮演一個「可愛的小傢伙」還在可以接受的範圍。不過，這種策略容易招來同性的嫉妒，尤其是策略愈奏效時，嫉妒的聲音就愈大。那種聲音裝作沒聽見就行了，要在這個社會上生存，必須具備某種程度的「遲鈍」，也可以說是一種堅強。

在職場上，自己提出的意見不受重視時，往往教人心有不甘吧。若只因爲提出意見的是女人就不受尊重，那種不甘心的程度更是多出好幾倍。

不過，即使心有不甘，因爲這樣就與男性社會作對，正面衝撞批判，卻也絕對稱不上聰明。

像親鳥孵蛋一樣，把這份不甘心收起來慢慢加溫吧。只要持續加溫，就能從中孵育出各種智慧，形成解決現實問題的能量。

我是一個作家，就某種意義而言，賣書就是我的工作，不太需要把自己逼到上述地步。

不過，在開始寫作前，我也曾在廣告公司上班，前面提到那些眉眉角角，都是自己的親身體驗。

所謂的上司，多半是中年男人。

大多數中年男人對女性的偏好都很冷門。他們最喜歡看在同性眼中

「那種女人到底有哪裡好？」的女性，如果身邊剛好有那種女性，他們就會特別寵溺對方。

這或許該說是男性本能，並不單純只是性方面的嗜好，其中還摻雜了保護欲、掌控欲等各種人性欲望，簡單來說，這是一種希望女性服從自己的心情表現。我認爲日本男人多少都有一點蘿莉控傾向，原因也和這種心情脫離不了關係。

講得難聽一點，在我工作過的公司中，也有那種只能用「一無是處」來形容的女人。她們不但動作遲鈍，人也不夠機伶，做起工作拖拖拉拉，老是闖禍搞砸。不只如此，通常還連話都講不清楚，解釋起事情來毫無要領可言。像我，只要一跟這種女人說話就會忍不住煩躁。可是，這樣的女人往往有個堅強的後盾，那就是她的直屬上司。不管怎麼樣，他就是對這個女人特別寵溺。

關於這個女人的事，上司曾這麼說：

「她個性直率又純眞。」

我原本以爲只是青菜蘿蔔各有所好，聽過就算了，後來才知道原來中年男性對女性的喜好其實有模式可循。

他們喜歡的女人有個「土氣」的共通點。中年男人不喜歡現代都會風的洗練女子，或許他們其實喜歡，但是又怕自己跟不上這樣的女人腳步只好放棄，或是出於對這類女人的恐懼而保持距離。相較之下，土氣遲鈍的女人就沒有保持距離的必要，可以放心擁抱。他們之所以偏愛這類女性，原因就在於她們提供的「安心感」。

這種女人容易受到上司寵溺還有另外一個原因，那就是男人大可毫無顧慮地盡情寵愛她們。如果對象換成無可挑剔的美女，可能會招來部下的嫉妒或不滿，爲了避嫌，上司就會有所顧慮。

我認爲，想辦法讓中年男性上司站在自己這邊是很聰明的做法。不管遇到什麼事，他們都會像一道防波堤般爲妳擋下。

我還在公司上班時就曾故意表現出「土氣遲鈍」的樣子討上司歡心。與其和同事組成小圈圈抱怨東抱怨西，這麼做讓我工作起來更稱心如意，得到的收穫也更大。

解決問題是最好的學習

見城徹

林小姐說，女性要在商場上生存，獲得上位者疼愛是很重要的事。不過，這一點可不只限於女性。

無論走到哪，商場就是個「對人」的世界。是人都會有好惡，人的好惡某種程度左右著事物的方向也是不爭的事實。

我剛進角川書店，還是個菜鳥時，每星期至少會有三天和社長角川春樹先生去喝酒。春樹先生老是說，喝酒時不帶我去太無聊。也不知道爲什麼，當時的我不過是一介菜鳥編輯，春樹先生卻對我疼愛有加。

傍晚，春樹先生經常晃到《野性時代》編輯部，對我撂下一句：「喂，見城，一起去吃飯！」

獲得春樹先生邀約當然是非常光榮的事，我也很開心，可是畢竟還有工作在身。當時的我身爲責編，晚上常和自己負責的作家約定碰面吃飯。

「不好意思，今晚有工作上的飯局……」

「那種事，改期就好了。」

春樹先生滿不在乎地這麼說，一副要我快點跟上的樣子，頭也不回地走出編輯部。我不知道爲此打過多少電話向作家道歉。

春樹先生是個性格非常獨特的人，在他身上，小心駛得萬年船的謹愼與不顧一切的大膽冒險精神並存。

很多員工視他爲獨裁社長，對他多所畏懼，我卻非常喜歡這樣的春樹先生。

春樹先生帶我去過許多名店。

一起吃飯時，他幾乎不提工作的事，更多時候我們聊音樂、聊電影，以及與食物或女性相關的話題。

和各領域頂尖人物一起吃飯的機會也很多，對年輕的我來說，直接接觸這些人的經驗，是我吸收種種超一流精華的管道。

當時的角川書店還是個小出版社，規模和現在完全不能相提並論。後來在春樹先生果斷推動的文庫革命下，營業額增加了好幾倍，公司規模也擴大了。但仍不可否認，和講談社、新潮社和集英社等大出版社比起來還是差了一截。

春樹先生無論如何都想突破這條界線。

「繼續這樣下去，再過五十年也贏不了走在前面的大出版社，甚至無法並駕齊驅。想贏只能賭一把，風險愈高，收穫愈大嘛。得做出讓大家跌破眼鏡的事才行。」

春樹先生的策略是拍電影。只要電影票房好，原著就會跟著暢銷，從中就能找到活路。

但是，一旦電影不賣座，角川書店可能會跟著垮台。即使如此，春樹先生仍打定主意這麼做。

預計做爲角川電影第一炮的作品由赤江瀑原著的《伊底帕斯之刃》改編，製作預算三千萬，導演請來村川透，攝影是姬田眞佐久，主角則決定是當時正開始走紅的松田優作。

《伊底帕斯之刃》描寫異母異父三兄弟在日本刀與香水的魅惑下陷入瘋狂命運的故事。在《伊底帕斯之刃》故事中，薰衣草香水掌握了重要的關鍵。

五月是薰衣草開花的季節，劇組必須配合這個季節前往法國格拉斯出外景。如果不趕快拍完，薰衣草花季就要結束了。

春樹先生將出國拍攝外景的任務全權交給我，我以製作人的身分率領劇組遠赴法國。

格拉斯這個小鎮距離尼斯約四十分鐘車程，四面被一望無際的花田包圍，是世界知名的香水及香料產地。

我是個文學編輯，對電影製作一竅不通，拍攝外景的工作充滿一連串的麻煩，天天都有問題發生，我在導演的破口大罵中拚命完成工作。和一流工作人員及演員搏鬥的過程，對我而言是非常好的學習機會。

結束為期一週的拍攝，劇組再次踏上歸途。

春樹先生親自到羽田機場接我們。慰勞了導演、演員與工作人員，目送他們搭車離開，只剩下我與春樹先生兩人時，他原本笑容可掬的表情忽然爲之一變。

「見城，抱歉，《伊底帕斯之刃》的拍攝計畫取消。」

我驚訝得說不出話。

「我還是無法把出版社前途賭在《伊底帕斯之刃》上，用預算只有三千萬的小成本電影決勝負根本沒有意義。」

那時的我還不知道，春樹先生即將投入更大的賭注。

儘管困惑，我還是得向各方面賠罪，爲此到處奔走。

春樹先生磨練了還是年輕社會人的我。尤其是角川電影成立之際的混亂，讓我學到很多。做生意一定會遇到問題和麻煩，或許可以說：把問題解決得愈好，就表示那個人的實力愈強。只有這件事必須靠親身經驗，否則學不會。

能在那麼年輕的階段就學到這個的我，說起來還是很幸運。

蛻變的時候一定會遭到詆毀

林真理子

前面已經提過，女性要在現代商業社會中存活，就要懂得怎麼討好男人，即使心有不甘也不要隨便反駁，必須像孵蛋一樣慢慢為力量加溫。不過，這些過程充其量只是「手段」，不是「目的」。眞正的目的，應該是獲得自己想要的東西。比方說，在一般企業工作的話，就是擁有自己能全權作主的部門和下屬。

爲此，妳必須先當一隻兔子，不能突然變成老虎。扮演一隻兔子，男人就會放心接近，還會提供協助。換成是老虎，只會得到「那傢伙很囂張」的評語，人家根本不會把妳放在眼裡。
這是推出「阿信」等戲劇的名製作人，曾待過ＮＨＫ的小林由紀子女士說過的話。先當一隻兔子，學習怎麼工作，建立人際關係。不過，不能永遠當一隻兔子，否則一輩子只能聽別人使喚了。再怎麼說，兔子只是假面具，時機一到就得蛻變成老虎。
過去那麼柔弱的形象，一旦變得堅強，男人們的態度也會丕變。原本友善的人突然帶有惡意，甚至展開攻擊。
這種事，我年輕時也經歷過。
剛開始在廣告公司上班，成為文案寫手不久時，身邊的人動不動就罵我笨，說我不中用。對於這件事，我並不感覺憤怒，也沒有因此燃起叛逆反抗的心情。我只覺得驚訝，感到難以置信。
撇開曾遭霸凌的國中時代不提，畢竟高中和大學時的我，在周遭人眼中都是很有特色、很有看頭的女生。現在這樣，一定是有什麼搞錯了——

好幾次在公司打掃廁所時，這個念頭忽然竄入腦海，我就這麼拿著掃把開始發呆。

不過，這段懷才不遇的時代並未促使我奮發圖強，我就只是想不通而已。

說來丟臉，這段時期之所以拖得那麼長，只是因爲我太怠惰，一味訝異於自己的懷才不遇，卻從未想過改變什麼。

現在回想起來，要是那時對公司的人提出反駁，說不定大家還會認爲「這傢伙頗有氣概」，反而能獲得認同。

只可惜當時的我連想都沒想過這麼做，不管公司的人用多過份的話說我，每天還是第一個到公司，乖乖掃廁所。

若以前面提到的兔子和老虎來比喻，我就算是兔子也是一隻太弱的兔子。應該說，我甚至沒意識到自己是一隻兔子。

後來，我去上文案補習班，在那裡獲得糸井重里先生的認可。

我從小就有一種動物本能的嗅覺，找得到認同我的人和世界。

雖然國中時慘遭霸凌。從小學起，明明成績也不是特別好，又不擅長運動，我還是很引人注意。大家都說我「是個怪人」，覺得這樣的我很有趣。高中時代，我還曾以瑪麗蓮夢露的藝名在地方電台擔任ＤＪ。得到糸井重里先生的評價後，學生時代圍繞在我身邊的那股氣氛，睽違五年再度復活。

「妳是有才華的人。」

「總覺得妳擁有會發光發熱的東西。」

開始有人這樣對我說，我高興得流下眼淚。

寫文案的才能也獲得評價，一九八一年拿下ＴＣＣ（Tokyo Copywriters Club）新人獎。得獎作品是爲西友百貨寫的文案「在製造與修繕中享受愜意」。

我認爲，當時的我正從兔子蛻變爲老虎。

其實我很小心，避免搖身一變成老虎，還留下一點兔子的部分。即使如此，男人還是開始說我壞話。

「林眞理子的文案已經看膩了，那傢伙不行了。」

表面上或許看不出來，但我是個很容易受傷的人。聽到這種詆毀的話，我立刻喪失自信。

「不幹了，回鄉下好了。」

我這麼想，整個人陷入沮喪。

可是，不在這種地方放棄是我最大的特點。我跑去找會稱讚我的人，讓耳朵沉浸在令人愉悅的話語中。

「妳最近工作表現很不錯嘛。」

「像妳這麼有才華的女人很少見喔。」

瞬間，我的自信又恢復了。

年輕時，我就這樣在喪失自信與恢復自信間來來去去。

漸漸地，我發現來來去去的次數減少了，這證明我已有所成長。同時，我的目標也愈來愈大。就像這樣，一一攫取自己想要的東西。

從兔子蛻變爲老虎時，無論多小心還是會招來詆毀。誰都不喜歡聽到毀謗，還不習慣這種事的時候，心情也會受傷。

要保持平常心是很難的，最好告訴自己：這世界就是這樣，接受它吧。

向天才盜取創意

見城徹

無論哪個時代，才華突出的人總容易招嫉。像林小姐所說，這種情形在女性身上更是顯著。我雖然不是女性，在角川書店工作的時代也有過相同經驗。以我的例子來說，或許也可說是受到當時社長角川春樹先生提拔所付出的代價。

前面提到角川電影剛成立時的一團混亂，現在繼續來談後續。

取消原本用來打響第一炮的電影製作後，春樹先生說：

「現在橫溝正史的書正開始暢銷，將他的作品拍成電影，書一定會賣得更好。所以我想來做《犬神家一族》，和東寶電影聯手，投入幾億預算。」

當時，橫溝正史原本是個已被時代遺忘的作家。

然而，就在一九七一年春天，春樹先生於角川文庫重新出版了他的《八墓村》，成爲賣破十萬冊的暢銷作品。於是，橫溝正史作品接二連三推出文庫本，默默形成一股潮流。

乍看之下，春樹先生似乎是個憑直覺工作的人，其實不然。他總是非常仔細地研究數據資料。角川文庫是日本具有代表性的文庫，網羅了各式各樣的作者，哪個作家的作品現在賣了多少數字，這些文庫作品的銷售數字永遠裝在他腦袋裡。

把宣傳經費花在已經做出氣勢的作家身上，就能拉出非常好的銷售量，反過來說，即使是評價很高的作家，在氣勢不佳的時候，不管怎麼宣傳也沒用，賣不好就是賣不好。這是春樹先生的想法。

他重視數據資料的宣傳哲學深深影響了我。

「只要《犬神家一族》電影賣座，橫溝正史的文庫作品肯定跟著暢銷。沿用同樣模式宣傳其他作家，不出十年角川書店或許就能追上講談社和新潮社了。現在，我就要用《犬神家一族》來賭這一把——」

那天的事，我至今難忘。一九七六年十月十六日，一大早便飄起小雨，天氣很冷。

我和春樹先生搭著社長專用的賓士車，前往位於日比谷的電影院。這天是《犬神家一族》電影上映的日子。會有多少觀衆來看呢？如果票房失利，角川書店將失去未來。看著車窗玻璃上的雨滴，我在心中祈禱。

這幾個月來，我爲了《犬神家一族》四方奔走，連睡眠時間都不惜投入。

春樹先生另外創辦了不同於角川書店的角川春樹事務所，這間電影製作公司在飯田橋的一棟公寓租了個小辦公室。包括春樹先生和底下六名員工全都入股了，我也持有事務所的股份。

除了《野性時代》的業務，還要加上電影製作的工作，無論精神或體力都來到極限，即使如此我還是繼續努力，超越極限。

率先看到那幅景象的是春樹先生。

「喂，見城！你看，好多人！」

仔細一看，電影院四周都是人，排隊等待入場的觀衆繞了電影院兩圈還不夠，隊伍繼續往皇居方向延伸，看不到最後究竟排到了哪裡。

那個瞬間，我忽然全身虛脫，眼淚奪眶而出。知道自己付出的壓倒性努力總算沒有白費。那是我唯一一次爲工作哭成那樣。

由市川崑導演，石坂浩二主演的《犬神家一族》改寫了日本電影史，創下空前票房。光靠一間日比谷劇場消化不了蜂擁而來的觀衆，連附近的東寶電影院也把當天所有場次的時刻表都改成《犬神家一族》。

帶著鬱金香形狀的帽子，一頭亂七八糟的頭髮，身穿皺巴巴的和服與木屐，一搔頭就掉下一堆頭皮屑，引人發噱的男主角——「最受日本人喜愛的偵探，金田一耕助」就在這個瞬間誕生。

後來，「金田一耕助系列」無數次改編爲電影與電視劇，《犬神家一族》也成爲日本推理小說中最有名的作品之一。

此外，大野雄二創作的電影主題曲《愛的抒情曲》也大爲暢銷。

「結合電影、音樂與書籍的大片」策略，用現在的話來說就是跨媒體行銷，這種手法一口氣提高了角川書店的業績，令角川書店迅速躋身大型出版社之列。

繼橫溝正史後，角川書店陸續出版了森村誠一、小松左京、半村良、高木彬光、大藪春彥等作家系列。包括《人類的證明》、《復活之日》、《戰國自衛隊》、《白晝死角》、《野獸須死》等原著在內，春樹先生不斷推動以角川文庫原著拍攝電影的計畫，衆位作家的文庫作品銷售量也隨著電影的賣座而起飛。

就這樣，七〇年代到八〇年代成爲角川電影的黃金時期，爲原本在西洋電影及電視威脅下停滯不前的日本電影界注入一股活水。

八〇年代還出現號稱「角川三姝」的藥師丸博子、原田知世與渡邊典子三位偶像明星。以她們爲主角，角川電影推出了多部偶像電影，如《水手服與機關槍》、《跨越時光的少女》等，電影、文庫與主題曲同時創下驚人的銷售紀錄。

偶像電影的預算不高，反過來說，創造出的收益也就更大。

我跟在春樹先生身旁累積了各式各樣的工作經驗。包括他那大膽的創意、文案與宣傳方式，我從春樹先生身上學到的東西多得數不清。

我自認是角川書店員工中爲公司賺最多錢的人。從進公司第一年到離職，一直都是如此。我有自信，自己爲公司做過的工作比任何人都要多，努力到不能再努力爲止。一路支撐我的，是從工作中獲得的反饋。

進入角川書店第十六年時，四十一歲的我成爲董事兼編輯部長。不到四十五歲就當上公司董事，在大型出版社中可說是個特例。公司跳過大我十幾歲的前輩，對我大力提拔。當然有很多人看不慣我的晉升，毫無根據的謠言滿天飛，留下許多不愉快的往事。不過，我不斷拿出優秀的工作成果，以行動表現說服眾人。

在春樹先生的提拔下，我獲得太多東西。毫無疑問地，這特例的晉升也是其中之一。然而，比這更可貴的，是我從春樹先生身上學到的各種經營手法。

至今我仍認爲春樹先生是製作統籌的天才，從春樹先生身上繼承的東西，直到現在仍活在我心中。

外表比內在重要

林真理子

工作能力強的人有個特徵，那就是簡潔的外表。

只要好好工作，工作回饋給我們的收穫也多得驚人。其中最大的收穫，應該就是「生活方式」了吧。

我認爲專業人士與業餘者的差別在於「累贅的多寡」。不管怎麼說，專業人士就是沒有多餘的累贅，這一點在女性身上尤其顯著。服裝打扮和舉手投足沒有一絲多餘的人，總是會給人俐落嚴謹的感覺。

從她們身上看得到某種決心。認爲既然透過工作獲得薪水，出現在工作場合時，自己一定要做個派得上用場的人，這樣的心情很強烈。

在店面等地方遇到這樣的店員時，買起東西特別愉快舒暢。

相較之下，以業餘態度面對工作的人就沒有這種決心。擺出一副百無聊賴的表情，無論穿著打扮或舉手投足都邋遢懶散，身上的一切都是拖泥帶水的累贅。想從業餘變成專業，就得把身上這些累贅砍光才行。為了達到這個目的，最有效的方式，或許是積極解決麻煩的客訴問題。

我在廣告公司上班時，也曾有過幾次這樣的經驗。每經歷一次就會有所成長，明顯發現自己變得更強大。

來客訴的人一定都是受傷的人。因為心情受到傷害，所以才會來抱怨。抱著業餘態度工作的人一點也不明白這一點，無法提供對方想要的應對，結果只是火上加油，使對方更加生氣，事情也就愈發難以收拾。

專業人士則能清楚理解對方生氣的點，察覺對方受傷的心情，迅速找到最適當的解決方法。

解決客訴問題可說是與時間賽跑。問題拖得愈久，麻煩就會愈大。

這種時候，人類的大腦和身體都處於火力全開的狀態，全身細胞宛如覺醒，意識清明，專注在問題點上。

若能順利解決問題，將獲得難以言喻的成就感。在人類所能獲得的種種成就感中，說不定這是最大的一種。

當然不可能次次順利，還不習慣的時候，失敗一定比較多。

我年輕時也常因爲工作失敗而哭泣。剛開始流的是討拍的眼淚，漸漸地才轉變爲懊悔不甘的眼淚。

如何區別討拍的眼淚和懊悔不甘的眼淚呢？答案很簡單，前者是哭給別人看，後者是哭給自己看。

當懊悔不甘的眼淚也變成值得懷念的回憶時，就證明你已成爲專業人士。

人類就是這樣在工作中鍛鍊自己，獲得成長。

若只把工作想成生活的手段，以消極的態度面對工作時光，那就別希望自己能有所成長了。

這樣的人一定認爲工作是爲了自己，只有笨蛋才會爲公司工作。

其實，端看自己怎麼想。工作是爲了訓練自己成爲專業人士，也可以這麼想不是嗎？獲得成爲專業人士的技術，得利的是自己而不是公司。無論是要換工作或自行創業，這份技術都派得上用場。

反過來說，如果不好好工作，學到的也只是半吊子的技術。

這麼一想，用消極態度面對工作反而是自己的損失。

專業人士沒有一絲累贅，所以一看就知道。剛才我也說過，這是因爲工作態度決定了生活方式，也可以說是生活的外型與格式。

我認爲外型與格式非常重要。

日本人從以前就很重視「格式」，這一點經常體現在茶道、花道等傳統才藝的規範上。

然而，二次大戰後這種思想出了岔，人們開始倡導「內在比外表重要」。無論服裝或禮儀，不拘小節的自由隨性受到推崇，一切失去秩序。我總覺得專業人士減少，保持業餘態度的人增加的現象，和這種傾向有關。

我自己是在成年之後才察覺型態與格式的重要。尤其是開始穿和服跳日本舞後，更是有了深刻的體悟。一旦姿勢變好，動作簡潔不累贅，外表看起來優美，人也會變得非常有自信。

服裝也好，舉手投足也好，只要符合格式就不會讓周遭的人感到不愉快。我認爲這是非常重要的觀念。

舉例來說，使用筷子的方式如果錯誤，必須非常努力才能矯正過來。

可是，努力學會正確的使用方式後，得到的回報就是產生自信。這種自我肯定感對人類的生存至關重大。

「內在比外表重要」的想法，造成人們努力改善外表與生活方式時的阻礙。

我建議大家最好先將這種媚俗的想法拋到腦後。只要有愈多人擁有好的生活方式，日本一定會成爲一個適合居住的國家。

熱衷投入某事，一定會有收穫

見城徹

林小姐說，應該有更多女性成為專業人士，我非常贊成這個意見。現在這個時代，任何工作都已不分男女，商務社會裡只有兩種人，一種是工作表現好的人，一種是工作表現差的人。

現在還在用男女有別的觀念談論工作，只能說搞錯時代也該有個限度。說到底，那不過是男人嫉妒有能力的女人罷了。

我剛成為編輯的七〇年代，社會上女性的地位還很低，和現在完全不能相比。

當時，五木寬之先生的小說《燃燒的秋天》爲在職場上工作的女性提供了嶄新的形象。這部小說由當年還隸屬角川書店文學雜誌《野性時代》的我擔任責任編輯。

在開始執筆書寫《燃燒的秋天》前，我陪同五木先生前往海外旅行。目的地是伊朗，爲了收集小說中重要元素「波斯地毯」的資料。

五木先生是當時日本最暢銷的作家，能陪同他一起出國收集資料，可說是身爲責任編輯的無上特權。我雀躍不已地踏上與作家單獨出國的旅程。

在伊朗首都德黑蘭下了飛機，我們先前往古都西菈子與全盛時期號稱「擁有半個世界」的伊斯法罕等地觀光。

壯麗的清眞寺、以藍色與玫瑰色爲基調的鮮艷裝飾磁磚、全身用黑布包覆的女性「洽多爾」……映入眼簾的一切都是那麼稀奇，跟在專心作筆記的五木先生身後，我興奮得像個孩子。

這趟旅行最大的目的地，是位於伊朗西北部大不利茲的波斯地毯工房。

大不利茲的市集是中東最大也最古老的商業設施。上有巨大拱頂的廣大市集中聚集了超過七千店舖，在這裡工作的人起碼有一萬五千人。

在地毯商店群集的一角，狹窄的空間裡擺滿了美麗的波斯地毯。市集裡一間一間的店舖也同時經營著工房。

走進店舖後方，可以看到十五位左右的女性在來自天窗的陽光照耀下並排編織地毯。織女的年齡參差不齊，其中甚至有看起來只是小學低年級左右的小女孩。

我們訪問了頭上纏著黑色頭巾的中年織女。

「我從七歲開始織這塊地毯，到了四十歲才好不容易完成四分之三，預計還要花上十年才能完成整幅地毯。」

五木先生倒抽了一口氣，伸手拿起那塊尚未完成的地毯。

「也就是說，一位女性將她的一生織入完成後的波斯地毯裡了吧！簡直是至高無上的成品。」

將自己的人生編織在這些美麗的圖樣中，聽起來眞是浪漫。

五木先生以從波斯地毯中獲得的靈感完成了作品。在伊朗親眼見到的波斯地毯就是這麼有力量，足以喚起作家豐富的想像力。

《燃燒的秋天》的主角亞希，是個深受波斯地毯吸引的女性。選擇波斯地毯爲一生志業的她，放棄了戀愛與結婚。爲了追求最高境界的人生，她揮別戀人，獨自踏上前往伊朗的旅程。

《燃燒的秋天》之所以成爲暢銷書，除了故事本身有趣之外，更因亞希的生存之道在當時獲得了許多女性的共鳴。

不受過去的價值觀束縛，亞希選擇做自己，踏上屬於自己的生存之道，成為當時女性嚮往的對象。

一九七〇年代還是個理所當然認為女性就該結婚走入家庭的時代，五木先生漂亮地為這個時代的女性提出一種嶄新的生存之道。

五木先生在《燃燒的秋天》後記中這麼寫道：

「就算有男人選擇背離時勢為愛而活也不足為奇，同樣的道理，女人選擇為義而生又有什麼錯？（中略）人們批評那些沒有沉溺在本能愛欲中的女人，說她們自以為聰明，和靠子宮維生的女人比起來，她們受到的批評總是負面的。可是，並不是只有屁股大的女人才是女人，也不是只有母性本能的美值得歌頌。世界上也有因追尋意義而散發的情欲。」

女性不再只能成為妻子或母親，她們開始獨立自主，追尋屬於自己的生存意義。這個觀念在八〇年代之後逐漸落實，女性也能投入職場工作了。

過去大部分的男性都偏好賢妻良母型的女人。然而，男人的想法也隨時代產生了很大的轉變。

我自己就認爲工作能力強的女性很有魅力。工作這檔事雖然有殘酷的一面，但也如鏡子般誠實。只要努力投入，必定會得到回報。在這點上，男女沒有不同。

努力投入什麼的女性，內在一定也會經過一番磨練。即使外表再美，沒有相稱的內在就沒有魅力可言。

就像亞希，正因她狂熱地投入波斯地毯的世界，忠於自己的熱情而生，才會如此具有魅力。

一個人遠渡重洋，在異國展開生活，對當時的女性而言肯定是相當需要勇氣的事。這種對某事熱衷的經驗絕對不會白白浪費，儘管不知道

Chapter 3

為了最後獲得勝利的策略

做看似老套但沒人做過的事

林真理子

做看似老套但沒人做過的事——這就是我年輕時爲了出人頭地而想出的策略。

爲了被誰注意到，爲了讓自己鶴立雞群，有時必須做些具衝擊力的事才行。隨便想出來的點子多半早已氾濫，即使自己認爲那點子再好，也早就有太多人想過一樣的事。爲了不要淪爲通俗，就要想出「沒人做過的事」。

一九七九年，二十五歲的我在一家小廣告公司寫文案。不過，現在回想起來，那時的我無知到可怕的地步。曾經有過這樣的事，我被任命寫一份居酒屋的傳單文案，而我想出來的文案是這樣的：

「今晚你要喝蘇格蘭？還是威士忌？」

我完全沒想到，蘇格蘭根本就是一種威士忌。當時的我就是如此無知。

由於我太常犯這種愚蠢的錯誤，周圍的人老是對我火冒三丈。「妳怎麼連這都不知道？」、「妳這鄉下人怎麼這麼老土！」、「妳真是一點都不可愛，真不想帶著妳跑客戶」……各種過份的話我都聽過，不管做什麼都只會得到反效果，是我人生中的黑暗期。

可是，若說我搞不清楚自己的斤兩，倒也不是如此。我每天比誰都早到公司，不是掃廁所就是洗毛巾，也會幫大家倒茶。不是我自誇，當時的我真是個不屈不撓又任勞任怨的女生。

然而同時，我的心也很墮落。在新宿後巷的酒吧裡抽著剛學會的香菸，嘴裡嚷著媒體上名人的名字還不帶敬稱，一喝醉就滿嘴抱怨，只知道羨慕別人，可以說是個最差勁的廣告人。

某天，我在廣告雜誌上看到一個訊息。

「糸井重里文案補習班，徵求有三年以上文案經驗者，二十人小班制」。

我心想，就是這個了，彷彿看見一條來拯救我的「蜘蛛絲」從天而降[4]。我立刻報名，開始上起每週一次的文案課。

糸井先生當時已經是超一流的文案寫手。不只如此，他還是搖滾天王矢澤永吉那本暢銷自傳《鹹魚翻身》的企劃統籌，歌手澤田研二的熱賣單曲《TOKIO》歌詞也出自他手。總之，糸井重里是個鋒芒畢露的新銳創意人。

不管怎麼樣，我都希望讓糸井先生注意到我。絞盡腦汁想出的方法，就是在服裝上下手。爲了讓自己比其他學生更醒目，我選擇當時正開始流行的「Techno風」穿搭，穿上銀色亮面的夾克，剪短頭髮剃高鬢角，還用一種叫「Dep」的髮膠固定頭髮。

聽到「Techno風」這個詞彙，現代年輕人可能一頭霧水吧。「Techno music」是當時以坂本龍一等人的ＹＭＯ樂團爲首掀起的高科技電子音樂潮流，歌手們的打扮就被稱爲「Techno風」。

其實，「Techno風」打扮令我難爲情得不得了，我向來排斥這種「儼然業界人士」的穿衣風格。可是，爲了讓自己醒目，也只好豁出去了，這麼一想，我就不再扭扭捏捏。

當然，不是只在服裝上下工夫，每次老師出的作業，我都拚了命地

---

4 譯註：日文中蜘蛛絲的絲寫成糸井重里的「糸」。

去做。

有一天，老師出的作業是寫歌詞。當時是民謠與新音樂的全盛時代，市場上流行的都是「高原上的微風啊，飄飄吹動妳的髮。」之類的歌詞。

我心想，其他人寫的鐵定都是民謠風的歌詞——於是，我以《池袋Highball》爲歌名，寫了最傳統的演歌歌詞。

「告訴自己她不過是那種女人，這燃燒的戀心還是無法熄滅，愛上她的男人哪，一隻手數不完……」光是把歌詞讀出來，眼前就會浮現演歌歌手握拳激動的模樣。

發表作業那天，我自認這首歌詞絕對能引起哄堂大笑。沒想到，我大聲唸完之後，教室裡卻是一片鴉雀無聲，沒有半個人笑。

這時，糸井先生拍起手來，對我說：「妳很有意思嘛。」

獲得崇拜的糸井先生認可，在我心中建立起莫大自信。

從此，糸井先生對我特別青睞，後來更讓我進他的事務所工作。獲得這份工作，是我人生中的一大轉機，感覺又往前邁進了一大步。

爲了獲得業界超一流有力人士的認同，花點小心思去討好對方也是一種方法，我並不否定這種建立關係的方式。畢竟，我自己就曾想靠奇裝異服吸引糸井先生注意。但是，除了讓對方中意自己之外，也必須付出值得對方肯定的努力。以我的例子來說，就是去做「看似老套但沒人做過的事」。

有些人連努力都不努力，只想抱有力人士大腿，教人看了都感到難堪。畢竟還是得眞有兩把刷子，才能從衆人之中脫穎而出，獲得認可與評價。

等到我自己也站到上位者的立場後，看到許多像昔日的我一般拚命推銷自己的女孩。有些人我連看都不想看一眼，有些人卻能得到我拚了命的支持。若問兩者的差異是什麼，終究還是看和對方一起工作是否有趣吧。

至於怎樣才是有趣，可以探討的層面又太廣了。

想攫取人心，唯有付出壓倒性的努力

見城徹

聽到林眞理子說她年輕時連蘇格蘭是威士忌都不知道，令我想起一件往事。

現在已是大牌女星的某位女演員剛從鄉下到東京來時，因爲一些機緣巧合，我負責幫她處理一些篩選工作的事務。爲了招待初來乍到的她，我就帶她去吃法國料理。侍者過來桌邊問：「餐前酒想喝什麼？」她毫不猶豫地回答：「白蘭地。」

聽了她的回答，侍者肯定在內心偷笑。等侍者離開後，我才小聲告訴她：

「我說妳啊，白蘭地是餐後酒，用完餐後才能點啊。」

「咦？是這樣喔？」

當時她驚訝的表情，直到現在仍深深烙印腦海中。

不過，每個人年輕時都是這樣的啦。

二十幾歲時的林小姐，在交文案補習班的歌詞作業時，寫了傳統演歌的歌詞。我認爲這是一個最能象徵林眞理子成功的小故事。

說到女性出人頭地時的武器，最好用的還是外貌。

事實上，不管在哪個領域，只要是身材非常好或長相非常美的女性，肯定都能獲得比別人多一百倍的機會。

必須失禮地說，林小姐並不具備這種女人的武器。那麼，爲了抓住少數經過眼前的機會，該怎麼做才好——林小姐爲自己想出了人生的策略，並且順利抓住糸井重里的心，從此踏上通往成功的階梯。

年輕時，抓住一個能提拔自己的關鍵人物是很重要的事。對林小姐來說，那個人是糸井重里。對我來說，那個人就是角川春樹先生。

當年二十四歲的我，正考慮辭去原本在廣濟堂出版社的工作。廣濟堂是專門出版商業書和實用書的出版社，而我想做的是文學書。

有一次，我正好有機會和春樹先生碰面，心想這種機會不會再有第二次，我便拜託他「請讓我進角川書店」。然而，春樹先生卻說「沒辦法」。不過，他接著又說：「現在我正在進行一個造船計畫，你明天能不能跟我一起去淡路島？」

現在的文庫本都附有彩色書封，看似理所當然，其實起初並非如此。最早爲文庫本加上彩色書封的，是當時擔任角川書店編輯局長的春樹先生。原本枯燥乏味的文庫本，在加上現代化的彩色書封後，一百八十度扭轉了原本以古典名著爲中心的形象，堪稱劃時代的創舉。同時，文庫本的內容也和封面一樣，開始帶有多采多姿的娛樂性質，角川文庫接二連三推出暢銷作品，角川書店也迎來前所未有的好景氣。

這樣的春樹先生擁有冒險家的一面。聽說他還是學生的時候，就已經曾從伊豆下田出發，搭船橫渡太平洋到阿根廷及智利。這年，春樹先生又想按照《魏志倭人傳》裡的記述，從釜山航海到博多。儘管旁人看來是個瘋瘋癲癲的計畫，他本人卻是認眞到不行。這艘取名爲「野性號」的古代船完全按照古法打造，別說一根釘子，連刨刀和鑿子都沒用上。

到了淡路島，我替春樹先生提包包，整天跟著他東奔西跑。最後，春樹先生對我說：「我很中意你。」於是，我終於獲得進入野性號事務局打工的機會。

事務局上上下下只有我和事務局長兩人。而且，那位事務局長因爲忙於其他工作，根本很少露臉，野性號事務局的工作幾乎靠我一個人處理。

說到事務局的工作，就是交涉和韓國之間的關係，向日本海上保安廳取得航海許可等等，對我來說全都是些從未經驗過的工作。明明想進入出版社當文學編輯，卻整天對著書面資料和帳簿，處理各種瑣事。

然而，如果不能克服這個考驗，就無法從事自己眞正想做的工作。我無論如何都想讓野性號的航海計畫成功。半吊子的努力無法獲得別人認同，不懂巧妙話術也沒有後門可走的我，爲了在社會上出人頭地，除了付出壓倒性的努力之外，沒有其他方法。

野性號預定出航的日子近在兩個月後。這段時間我拚命工作，不惜犧牲睡眠時間。很快地，身體撐不住了，還患上血尿的毛病。

即使如此，我仍不停地工作，希望自己做的一切都能獲得春樹先生的認可。

結果，野性號只出航十六天就結束了旅程。搭上船的有春樹先生和高橋三千綱。高橋三千綱後來在《野性時代》上發表了航海遊記《船啊，前進吧》。「船啊，前進吧」是古時船夫划船時的吆喝聲，仔細想想，那眞是個悠閒的時代。春樹先生他們從釜山搭上野性號出航後，拜良好的天候所賜，平安無事抵達博多。

過不多久，正當我在事務局內忙於後續處理時，春樹先生打了電話來。

「見城，謝謝你。野性號的航程能這麼順利，都是你的功勞。不嫌棄的話，以正式員工的身分來我這裡工作吧。」

我高興得差點落下眼淚。我付出的壓倒性努力，春樹先生確實看見了。

說到底，能抓住人心的還是只有努力。而且，那不只是普通的努力，如果不能努力到弄痛自己的地步，努力就沒有意義。只有那種痛才能觸動人心。不痛不癢的表面努力，絕對無法攫取人心。

具體想像未來的自己

林真理子

和見城兄吃飯的那個女明星，即使在餐廳裡如此失態，也會因爲「反正她很可愛」或「她好漂亮」而獲得諒解。

八〇年代我和見城兄經常碰面，當時曾發生過這樣的事。見城兄對我說起當時和他交往的那位有名美女，他們似乎一起去了美術館。

「她眞的是個連心地都很美的人，站在畫前竟然感動得哭了。」

聽到他這麼說，我在內心「嘖」了一聲。

老實說，年輕時我很羨慕那種女人，大概也說過她們壞話吧。不過，步入中年之後，我就不再批評靠美貌得利的女人了，因爲覺得沒有比那更難看的事。做那種事才眞的是敗犬狂吠。

爲了不要變成那樣，具體想像未來的自己，或許是非常重要的事。

我是山梨縣鄉下一間書店的女兒，從小父母忙於工作，記憶中他們很少管我。相對地，我家有看不完的書，我也總是沉浸在書堆裡。比起和朋友出去玩，在家看書或做白日夢更有趣。我想，當時的我應該是個有點奇怪的小孩。

懂事之後不久，儘管只是懵懵懂懂的想法，我開始希望自己將來能從事與書相關的工作。然而，升上大學四年級，才剛展開就職活動，這個夢想就破滅了。別說大型出版社，連小出版社的筆試也全部落榜。

在就職活動那段時間，我經歷了好多不甘心的事。

那時，同學中有個人人公認的美女。我和她同時參加了某大型出版社的招募考試，她在第一次筆試時就被刷掉了，我則進到二次面試，但是仍然落榜。沒想到，後來卻看到她在提給大學的錄取報告中，填寫的正是那間出版社。我驚訝地問她：「妳面試上那間公司了嗎？」她才吞吞吐吐地說：「嗯，不過只是約聘……」

詳細情形我也無法追問太多，不過肯定是那間出版社的大頭看上美麗的她，破例錄取了吧。明明我比她能力更好也更積極……即使這麼想，我也只能咬緊嘴唇接受這殘酷的現實。

一直拖到大學畢業，我還是沒找到工作。不只出版社，連一般公司的招募考試都參加了超過四十間。然而，除了沒有任何證照，在校成績不好之外，我不但是個胖子，長得也不漂亮——不管在哪間公司面試，對方都把我當成垃圾對待。結果當然全部被刷掉，到最後，我連想哭都哭不出來。

那是石油危機發生的四年後，如果是短大畢業生也就罷了，社會對待我這種從四年制大學畢業又不求上進的女人特別嚴格。話雖如此，我的經歷還是比一般女生更慘。朋友中有人靠關係走後門，有人不斷看徵人廣告謀職，大家一一找到工作成為粉領族，相較之下，我顯得愈來愈悽慘。

不過，我的個性就是有點神經大條。我把那些恕不錄用的通知單收集起來，用緞帶綁好，當作寶物一般收藏。這麼做，為的是將來成為作家之後，當這些出版社來拜託我寫稿時，就可以把通知單拿出來說：「當初貴公司可是拒絕錄取我的喔。」我相信笑著說這種話的一天一定會來臨。

在一般人的想法中，命運或許無法靠自己的力量改變，我卻不這麼想。我認為只要保持堅信，命運就能靠自己開拓。我深深體認到，命運就是意志力。信心愈強，就愈能清楚看見該做什麼才能邁向幸福的未來，自然而然就會朝那個方向去做。

懵懵懂懂的夢想絕對無法實現。必須具體描繪幾年後的自己成爲什麼模樣才行。一直以來，我都是這樣。

那麼，實際上該怎麼做呢？

首先要清楚認識現在的自己。現在，自己有什麼不滿？有什麼不足？如果在找工作時受到歧視而不甘，又要怎麼做才能讓那間公司的人後悔，讓對方刮目相看？聯誼時如果羨慕受歡迎的女生，就要想想她擁有而自己欠缺的是什麼？相反地，她沒有而自己擁有的又是什麼？搞清楚這些之後，再去思考自己該怎麼做才能吸引異性青睞。

就像這樣，只要能認清當下的自己，自然就能清楚看見自己未來的模樣。

相信「新手運」

見城徹

雖然沒有林小姐那麼慘，我剛畢業時找工作也不太順利。

本來我想進的是電視台。可惜，當時如果不靠關係，根本進不了東京的幾家主要電視台。雖然也去ＮＨＫ應徵了，不過沒錄取。

面試了幾家大型出版社都被刷掉，只有兩間中型出版社錄取我，我進了其中一家廣濟堂出版社。最初領到的月薪是五萬七千日圓，那是個一包「hi-lite」香菸只要八十日圓，計程車起跳價一百三十日圓的時代，這樣的薪水絕對不算少。

第一筆薪水，我用來買西裝，剩下的錢幾乎花在吃吃喝喝，以及和當時女友約會的費用上。

對當時的我來說，每月二十五日領到的薪水就是生存價值。「還有四天，剩下一千勉強可以撐過去」，這麼亂來的事也不是沒有過。「再撐三天、再撐兩天……」發薪日前，我總是扳著手指倒數，內心充滿期待。

那時，人生鮮明地反映在薪水上。不管做什麼，都要先跟錢包打個商量。也曾打腫臉充胖子，帶女朋友到高級餐廳約會，每次她的酒杯一空，我就捏一把冷汗。手錶、鞋子、衣服……想要的東西多得數不清，只能一邊逛街，一邊看著櫥窗裡的商品嘆氣。

現在我對把薪水花在自己身上這件事毫無興趣，發薪日不覺得開心，也不再思考要用當月薪水買什麼了。

這麼一想，不禁感到一絲落寞。相較之下，領少少薪水的時代反而過得比較快樂。

進了廣濟堂，做的盡是些別家出版社外包的編輯工作。我很快就按捺不住想自己企劃製作書籍的心情。

某個週末，我和當時的女朋友在新宿御苑附近散步，一棟住辦混合公寓上掛著「公文數學研究會」的招牌，吸引了我的視線。

「公文？那是什麼？」

這個不熟悉的單字，在我腦中留下了印象。

幾天後，終於解開我的疑惑。我在報紙上看到小小的廣告欄，上面寫著「公文式數學教室，指導者招募中」。這時我才知道，原來所謂公文式是一間教授數學的加盟連鎖補習班。公文數學有一套獨家教學法，將此傳授給加盟的指導者後，指導者可在自家或教室開課招生。

聽到「獨家教學法」時，我腦中的直覺動了起來。剛就職不久的我，連編輯該怎麼當都還沒搞懂。然而，也正因如此，當時的我不受既定觀念束縛，反而能遵循直覺做出判斷。這就是所謂的新手運吧。

我只是單純地想，既然有一套獨家教學方式，一定可以用來出書。我立刻與對方聯絡，前往上次那棟公寓拜訪。

那是一間員工只有十七、八人的小公司。別說根本沒想過要出書，對我的提議似乎也難以理解。

「書名就叫《公文式數學的秘密》吧，只要書暢銷，加入會員的學生人數一定也會大幅成長。」

聽我這麼說，對方仍然半信半疑。過了幾天，公文數學的指導部長岩谷清水先生聯絡了我。

「來做這本書吧，公文會長也認爲可行。」

就這樣，我第一次企劃編輯的書《公文式數學的秘密》就此誕生。

公文式數學最大的特徵，就是反覆計算解題。我和岩谷部長一起將解題訣竅整理成了一本書。

話雖如此，就算在書店上架，這本書還是可能淹沒在書海中，無法獲得讀者注意。想要推動買氣，必須先製造機會。我想到的是當時加入公文式數學的五萬名學生會員。

「五萬個學生中，只要有三萬人買書，這本書就能成爲暢銷書。請要求學生家長們買書吧。」我對岩谷指導部長這麼拜託。

於是，《公文式數學的秘密》就這樣成爲熱賣三十八萬本的超級暢銷書。

《公文式數學的秘密》的暢銷，連帶使得加入公文式數學研究會的學生人數大幅提升。原本位於住辦混合公寓一角的總公司，很快搬遷至西新宿的大樓。隨著公司不斷成長，幾十年後又在市谷車站前蓋了公司大樓，如今更在高輪擁有美輪美奐的總公司。

暢銷書的內容有四項特點：「原創」、「簡單明瞭」、「極端」，最後是「靠關係」。我稱這四點為「暢銷書黃金四法則」。

《公文式數學的秘密》正好兼具了這四點。

公文式數學的獨家教學方式符合了「原創」條件，單純反覆計算解題的內容同時符合了「簡單明瞭」與「極端」，要求會員買書則毫無疑問的是「靠關係」。

第一次自己企劃編輯的書，就這麼在無意間執行了「暢銷書黃金四法則」。

不過，當時還是個菜鳥編輯的我，怎麼可能想出這麼深奧的策略。我只是憑著本能相信直覺，大膽交涉，就這麼完成了這本書，根本沒想過也有失敗的可能。

只要努力，新手運一定會降臨。腦中靈光閃現時，不要猶豫，試著賭一把吧。

想想曾經被人稱讚的事

林真理子

大學畢業後，我靠打工賺日薪過活。打工的地方是千葉的植髮診所，工作內容是把人工髮塞進注射器。不但是機械式作業，服務的又是禿頭大叔們，這份工作既單調又無聊，一點也不有趣。光是能塡飽肚子就很拚了，根本沒有多餘的錢買衣服。

那時的我，每天都穿短筒襪。連身絲襪太容易破，而短筒襪只要洗乾淨就能重複穿很多次。走在路上，擦身而過的粉領族耀眼得令我無法直視。

每天早上，身穿套裝的美麗粉領族們搭著上行電車往市區前進，我則穿著在大榮百貨特賣時買來的打褶牛仔裙和短襪，像個土裡土氣的大媽，往千葉方向通勤。

那個年代還沒有「飛特族」這個名稱，畢業後的生活與學生時代的落差，每每使我心頭一陣茫然。大學時，拿著父母寄來的生活費加上打工的收入，可以充分享受穿搭打扮的樂趣。那些和朋友兜風、滑雪、去避暑勝地打網球的回憶，如今想來眞是如夢一場。

好幾次，一想到再也無法擁有那麼快樂的日子，不由得悲從中來，望著總武線車窗外的眼睛盈滿淚水，模糊了視野。

那時，我住在上池袋一間不到三坪大的公寓，月租是八千六百日圓，房內沒有浴室，廁所得與其他住戶共用。因爲沒有錢，經常在房裡啃吐司解決伙食問題。

那是一棟牆板很薄，毫無隱私可言的破爛公寓，鄰居之間自然而然熟稔起來。

搬到我隔壁住的是在貨運公司上班的粉領族B子。很快地，我們成爲會到彼此房間聊天的朋友。

B子在公司隸屬編輯社內雜誌的部門，爲了習得編輯技術，她說自己正在上文案訓練課程。

一如往常，從澡堂回來後，B子請我去她的房間喝咖啡。

「這是我的文案作品。」

這麼說著，B子給我看裝在茶色信封裡的傳單。

傳單粗糙得稱不上是什麼作品。如果讓我來寫的話，一定能寫得更好——心裡這麼想的我，下意識脫口而出：「不如我也來寫文案好了。」

「這個主意不錯喔。我早就覺得妳該試試看，如果是妳，一定辦得到。」

Ｂ子的話使我眼前出現光明，恢復了幾許在貧窮生活中消磨殆盡的自信。沒過多久，我就報名了Ｂ子在上的文案訓練課程。

在那裡，我付出了有生以來從未有過的努力。皇天不負苦心人，我的成績表現也不錯。開始上課前，老師都會把上次交的作業中特別優秀的發給大家看，我的作品每次都入選。

我常想，那時的我或許發揮了某種嗅覺，聞出哪裡是自己應該安身立命的地方。其實人人都具備這種嗅覺，只是在有自信時才得以發揮。這就是爲什麼我一直強調擁有自信的重要。

有一次的作業是爲新發售的自行車撰寫文案。我想，照一般方式想出來的文案一定不好玩，就帶了蛋糕跑去拜託認識的吉他手，請對方幫忙製作廣告歌，和作業一起交給老師，用這樣的形式呈現我「做看似老套，但沒人做過的事」的策略。

文案課程結業時，我得到全班第二名的優秀獎，也因此獲得老師推薦，終於進了一家廣告公司工作。

「眞理子不是普通人。」

「妳將來一定會有某種成就。」

學生時代，明明我的成績也不是特別好，又不是團體中的領導人物，卻有幾個女性友人對我說過這些話。

她們的讚美，聽在我耳中當然非常受用，那或許也夾雜了年輕女孩特有的自戀情結。

不過，沒有人不喜歡受稱讚，就算其他的話都忘光了，也會永遠記得別人對自己的讚美之詞。

在毫無根據的狀況下，要對自己擁有自信並不容易，這種時候，別人曾經給過的讚美，就能成爲堅強的支持力。

遇到困難，喪失自信的時候，只要想起曾被別人稱讚的事就行了。
如此一來將受到激勵，重新找出未來該走的路。

做自己喜歡的工作

見城徹

林小姐說，失去自信時，別人的稱讚將成為支持自己的力量。我用來支持自己的，則是「編輯是我最喜歡的工作」這個堅定不移的信念。

發掘尚未為人所知的才華，想出精彩的企劃……我希望自己永遠狂熱於某件事。自信這種東西，都是後來才附加的。

成為角川書店正式員工後，我被分發到文學雜誌《野性時代》，負責年輕作家的編輯工作。我的工作是細讀作家們未經修飾的作品，用紅筆加入修正意見，和作家攜手合作，淬鍊出更完美的作品。我對這樣的工作狂熱不已。

然而，如此費盡千辛萬苦完成的作品，卻常只因為作家還是新人而無法獲得刊登機會。

比起上述工作，我花在陪作家喝酒，聽他們抱怨的時間更長，也不知道為了自己的力有未逮向作家們道了多少歉。

我對作家們投入情感，希望他們的作品能刊登在《野性時代》上，為了達到這個目的，身為一個編輯必須先做出一番成績。我決定要做出一本令眾人跌破眼鏡的暢銷書。於是，我直接去拜託社長春樹先生，說我想擔任新銳推理作家森村誠一的責任編輯。

森村的《人類的證明》當時剛開始在《野性時代》上連載，我從連載第五回開始擔任編輯。過了不久，角川電影推出的第一部作品《犬神家一族》大賣座，春樹先生決定以《人類的證明》改編劇本開拍角川電影的第二部作品。因此，這本原著小說非得有趣又暢銷才行。連載期間，我熱切地向森村先生提出好幾份企劃案。

就這樣，我們完成了《人類的證明》。一九七七年由松田優作主演的同名電影也引發極大的話題。

角川春樹先生運用電視廣告做大手筆宣傳，著眼於書籍、電影及音樂的相乘效果。用現在流行的話來說，就是跨媒體行銷的方式。這個手法成功見效，《人類的證明》不只電影、原著和主題曲也大爲暢銷。連同文庫本在內，《人類的證明》成爲共賣出超過四百萬冊的超級暢銷書。

受到作品的帶動，社會上掀起一股閱讀森村誠一的風潮。以《人類的證明》爲首，包括《新幹線殺人事件》、《高層的死角》等作品在內，角川文庫推出的森村作品佔據當時文庫暢銷排行榜的前十名。連我都對此大感意外，這樣的經驗，在我的職業生涯中也只遇過這一次。

那時，我認爲絕對不可得意忘形，要把所有成功都拋到腦後才行。

然而，森村風潮實在太厲害，不可能不趁勝追擊推出「證明」系列的第二部作品。我請森村先生再次執筆，這次寫下的就是《野性的證明》。書當然成爲暢銷書，由高倉健、藥師丸博子主演的電影也締造絕佳票房。

角川電影成立後，連續以《犬神家一族》、《人類的證明》與《野性的證明》三部電影的成功奠定基礎，後來又再陸續推出《甦醒的金狼》、《戰國自衛隊》、《復活之日》也都叫好又叫座，原著文庫本連帶創下驚人銷售量。衝著作成書籤夾在文庫本中銷售的電影折價券，購買文庫本的人又增加了不少。這也是一次非常出色的行銷策略。春樹先生想點子，我負責四處奔波實踐，角川電影便以這樣的方式大獲成功。

當時企業的加班費還沒有法定上限，我的月薪從在廣濟堂出版領的六萬多日圓，一口氣飆升爲四十多萬日圓。但是，我幾乎沒有休假，一大早就到公司，一直工作到很晚才下班。晚上通常陪手頭負責的作家到處喝酒，不過這也是工作的一部分。就連星期天還是繼續工作。

爲什麼我能對工作如此狂熱呢？

答案只有一個。因爲我無可救藥地熱愛小說。無論身體多麼疲倦，心都不以爲苦。

我很慶幸自己選擇了編輯這份工作。其中我最喜歡也投注最多心血的，就是讓作家寫出他們原本不想寫的東西。

一般大衆對編輯的印象，大概是去作家家中領取原稿與修改原稿、編輯成書吧。這個印象雖然也沒錯，不過只是編輯工作的一部分。

比這更重要的，是給予作家刺激。

我幾乎每天和各種不同的作家吃飯喝酒，有時也和他們一起旅行。聽他們聊自己出身什麼樣的家庭，談過什麼樣的戀愛。我一邊和作家們如情侶般共同度過親密又充實的時光，一邊找出對方體內有什麼地方流著黑色的血，或是身上什麼地方藏有不為人知的傷痕。只有這種地方才挖掘得出宛如黃金脈礦的才華。把外表看不到的血肉模糊傷口攤在作家自己面前，就是我們編輯的工作。我太享受這種把手伸進對方腹內，掏出內臟的工作。

「做自己喜歡的工作吧」。

這句話雖是老生常談，卻也再正確不過。汽車、拉麵、時尚、運動……什麼都好，總之工作就得是自己喜歡，能夠為之狂熱的東西才行。只要有狂熱，別說痛苦，更不會覺得空虛無聊。只要從事這樣的工作，一定能創造美好的成果。

這是非常重要的事。做自己不喜歡的工作不可能創造出眞正的好東西，對有限的人生來說，更只是浪費自己寶貴的時間。

專挑空著沒人的地方站，就能凸顯自己

林真理子

想宣傳自己，最好挑競爭對手愈少的地方愈好。理由很簡單，那樣才容易凸顯自己。

我在寫處女作《買個開心回家吧》之前，特地去書店調查當時流行的都是些什麼樣的女性散文。

當時受歡迎的女性散文，大多是像落合惠子小姐或安井一美小姐的作品那樣，盡是些時髦的文章。市面上幾乎看不到女人說眞心話的散文。

我在《買個開心回家吧》的前言裡，故意寫了挑釁的文字。

「她們在那些書中動不動就脫下內褲跟男人上床，寫文章時卻像穿了三件毛線襯褲。

到底在堅持什麼呢？

到底在害怕什麼呢？

我想說的是，年輕女人擁有的東西不就是那些嗎？

艷羨、妒忌、嫉恨，她們絕對不會描寫這三件事，可是這三件事眞的有那麼不堪嗎？欸！

總而言之，我要成爲語言詞彙的女子摔角選手，我心意已決，一定要粉碎過去那些只會講漂亮話的散文。」

於是，在書中我用學生時代最不擅長的體育課跳箱來比喻性愛初體驗。

「第一次和男人上床時，腦海中第一個浮現的就是跳箱。（中略）

『什麼時候才能把手放開呢？』

『啊，這個姿勢會讓我最大的弱點——突出的小腹被看得一清二楚。』

『媽啊！我的身體怎麼這麼僵硬啊？』

就這樣，眞的很嚴肅地思考了各種事。老實說，結束時眞是有種『哎呀呀，終於搞定了』的感覺。」

在那之前，一般女性散文提到過去的初體驗時大概是這樣的：

「天旋地轉的時間過後，我才發現剛才自己腦中一片空白。」

「暴風雨般的一晚過後，睜開眼已是早晨。」

就像這樣，幾乎沒有直白露骨的描寫。

我的書出了之後，當時交往的男友對我說：

「妳寫那種內容沒問題嗎？以後搞不好嫁不到什麼好人家了。」

我驚訝得下巴差點掉下來。因爲我從沒想過自己寫的內容有那麼離經叛道。

不過，姑且不管我有多驚訝，這本書的銷售量非常好，光是單行本就賣了三十萬冊，躋身暢銷書之林。

那是個視女性直接描寫性愛爲禁忌的時代。在那之前，即使有大膽描寫的內容，不是從男性角度出發，就是走冷門的文學路線。和男人做愛的當下，女人心中想些什麼，想誘惑男人時，女人又會急中生智耍哪些心機……《買個開心回家吧》可以說是有史以來第一本揭露這些秘辛的書。

不光是如此，我還大剌剌地寫下找工作失敗時的悲慘際遇，以及因爲嫉妒朋友成功而怒火中燒的種種體驗。

彷彿女人突然在大馬路上脫得精光，暴露自己所有一切。我想，過去應該從來沒有這樣的書。

處女作《買個開心回家吧》成爲暢銷書，是大大改變我人生的轉捩點。事務所的電話整天響個不停，都是打來說要採訪我的。當時，我每天接受大量採訪。在書店舉辦簽書會，我抵達時已經大排長龍，嚇得我差點腿軟。

然而同時，我也被批評得體無完膚。

「林眞理子還眞會推銷自己呢！」

「像我們就沒辦法做到那個地步唷！」

成功一定伴隨嫉妒。那些事不必一一放在心上，用寬宏大量的心情去看待就好了。

因爲嫉妒而說別人壞話的人，一定沒發現自己臉上的表情有多噁心。我們只要心懷憐憫，默默微笑看著那些人就好。

倒不如這麼說吧，沒遭人批評反而不是一件好事。因爲這也代表妳尚未獲得實質上的評價。

想要成功，就先思考哪裡還有空位吧。哪個領域都一樣，一定還有別人還沒注意到或已經遺忘的空位。

比起已經很多人做的事，朝那個冷門的方向努力，成功的機率更高。

距今超過三十年前，我盯著書店架子上的書，心想：

「只要寫出現在這裡沒有的書，一定會暢銷。」

那份心情依然持續到今天。

「寫出至今沒人寫過的書」，儘管今天我仍抱持這樣的心情，如今小說的世界倒也不是那麼簡單。

喜歡做別人做不到的事

見城徹

林小姐的出道作品，特地選擇了當時女性散文中沒有的主題，因此大獲成功。爲了脫穎而出，有時確實需要執行策略，林小姐的做法很聰明，我也認同。

不過，我和林小姐不一樣，我比較俗氣。我用的方法，是故意選擇艱難的道路。

從小，我就喜歡做別人做不到的事。

高中時代，考試時一定挑難的問題先解。如果考的是英文，一定先從英文作文開始寫，然後是英文釋義，最後才是英文文法。有時因爲在作文上花了太多時間，來不及寫英文文法就得交卷了。即使如此我也無所謂，因爲比起拿高分，克服難題的成就感帶給我更大的喜悅。

如果眼前有艱難的道路、普通的道路和簡單的道路可選，我一定選艱難的那條路。因爲我認爲，只有艱難道路的盡頭才有無上的喜悅。

順利獲得錄用，成爲角川書店正式員工時，我下定決心，要拿到公司前輩或上司都拿不到的作家原稿。不靠角川書店的招牌，而是靠我個人的實力與魅力打動作家，讓他們願意爲我寫稿，我也只和這樣的作家往來。如果不這麼做，我就沒有存在價值了。

當時，當紅作家通常選擇講談社、新潮社、文藝春秋及中央公論等歷史悠久的大型出版社發表新作品。

也有作家公然表示「不會在角川書店那種沒有實際成績的出版社出書」。比方說當時流行的作家水上勉、有吉佐和子等，很多作家都是這樣。

其中，公認最難爭取到新作的作家，非五木寬之先生莫屬。

五木先生於一九六七年以《看那蒼白的馬》獲得直木獎，此後更是連續推出《前進荒野吧青年》、《青春之門》等暢銷作品。無論哪家出版社都渴望拿到五木先生的最新作品。

眞的沒辦法請到五木先生在《野性時代》上發表連載嗎？可是不用想也知道，用普通方法邀稿一定會遭拒絕。

於是，不只五木先生已發表的新作品或連載中的小說，連小篇幅的散文或對談專訪，只要一經媒體發表，我一定在五天內讀完，並寄一封寫了感想的信給他。

只要能讓五木先生產生「和這個編輯工作或許能獲得新刺激」、「和這個編輯工作可以幫助作品更上一層樓」的想法，我就成功了。

爲了抓住五木先生的心，我仔細閱讀作品，努力找出連作者本人都沒注意到的新發現，探索五木先生下意識想傳達的東西。我還搬出他過去所有作品來比較。

這是比想像中更費勁的工作。我不惜犧牲睡眠時間投入閱讀，一寫好信立刻用限時專送寄出。

五木先生一定也嚇到了吧。不管多小的作品，只要一在哪發表就會收到信。用現在的話來說，根本就是跟蹤狂。

寄出第十七封信後，我第一次收到五木先生回的明信片。明信片上寫著「謝謝你每次讀我的作品，哪天有機會的話，見個面吧。」，雖是五木太太代筆寫的，我仍開心得手舞足蹈。

趁勝追擊的我，給五木先生寫信寫得更勤。

寄出二十五封信後，我終於在五木先生常住的飯店，實現了與他見面的願望。

此時我和五木先生之間已累積了二十五封信，雖然是第一次見到他，我卻絲毫沒有陌生感。

五木先生爽快答應在《野性時代》上連載新作品。

這部新作叫做《燃燒的秋天》，描寫對波斯地毯著迷的女性冒險精神，結束連載後出版單行本，成爲熱賣超過五十萬冊的暢銷書。希望將原著改編爲影像作品的請求如雪片般飛來，最後拍成電影，由女星眞野響子主演。

不只那時，至今我仍常寫信。「希望您能寫一部小說」、「敝出版社希望爲妳出一本寫眞集」……等等，大概都是與出版相關的請求。

曾幾何時，我也成爲別人寫信請求什麼的對象。

此時我才發現，這世界上以自我爲中心的信實在太多了。那些信根本沒有一讀的價值。

「我現在正在做這樣的事」、「我現在人正在澳洲」……

對素未謀面的人自我介紹或報告近況的信，到底誰會有興趣看？寄給別人的第一封信，寫的不該是自己的事，而是對方的事。

「前幾天見城先生在電視上說……」、「關於見城先生編輯的那本書……」如果信裡這麼寫，我就會好好看完。若是信中有什麼吸引我的內容，我才會對寄信的人產生興趣。

寫信給沒見過面的人有個鐵則，那就是必須帶給對方某種刺激或新發現。不是這樣的信，寄了也沒有意義。

就算沒錢也不可憐自己的方法

林真理子

十幾歲時，母親常這麼對我說：

「眞理好可憐，原本不應該過這種生活的。要是妳爸爸能爭氣點，妳應該是東京的有錢大小姐，才不會在這種鄉下地方過貧窮生活。爸媽對不起妳。」

因爲她實在太常說了，我也在不知不覺中認定家裡的生活過得不好。

母親還這麼說過：

「沒有錢，做什麼都積極不起來。」

每次夫妻吵架，父親一定會這麼對母親說：

「妳不要老是提錢的事。」

我記得很清楚，這種時候，母親一定會這麼回：

「那你說說看啊，你給過我和孩子們任何精神層面的東西，可以取代金錢的嗎？」

照母親的說法，在奮起向前的關鍵時刻，絕對不能沒有錢。

不過，我這樣說聽起來或許有點矯情，但我眞的連一次都沒想過「要當個有錢人」，眞心不騙。

大學畢業後，找工作失利的我曾有半年過著極度貧困的生活。父母不再寄生活費給我，唯一的收入就是打工賺來的薪水，這筆錢付完房租就沒了。

那時的記憶很模糊，已經想不起我到底是怎麼活下來的了。

唯一記得的，是每天早上一定會去麵包店買半條吐司的事。

早餐就吃一片吐司。塗上滿滿的乳瑪琳，再撒上砂糖，光是這樣就能吃得很飽。中午也吃一模一樣的東西。晚上則吃兩片。手頭稍微寬裕的時候，就炒點青菜配著吃。

有時候連吐司都買不起，只好一整天躺在房間裡睡覺。

因爲沒事做，我突然異想天開，跑去把公寓住戶共用的廁所打掃得亮晶晶。就在那時，我撿到了一張千圓鈔票。一千日圓可以讓我輕鬆過一個星期的生活，侵佔別人的財產雖然不好，我就當作是神明給我的禮物，心懷感激地用掉了那張鈔票。

即使過著如此貧困的生活，我也從來不認爲自己可憐。

因爲沒有工作，沒錢是理所當然的事。我總是告訴自己，一定很快就會找到滿意的工作，現在只是那之前的一段長假——

我眞的是打從心底這麼相信。

不可思議的是，只要相信，人生就會朝自己堅信不移的方向演變。首先，我獲得了一份廣告公司的工作，成爲文案寫手。雖說在那間公司的日子並不完全美好，我經常被同事霸凌或怒罵，但也至少讓我得到兩百萬日圓的年收。開始獨立接案之後，我又出書成爲作家，半年後，看到銀行帳戶裡出現一筆高達兩千萬日圓的匯款，自己都嚇了一大跳，情不自禁發出尖叫聲。

作家這份職業，只要寫的書達到某個程度的銷售量，很快就能蓋一棟屬於自己的房子。不過，我說的是二〇〇〇年之前的事。現在出版業不景氣，除了少數暢銷作家外，這條路走起來還是很辛苦。我很幸運地趕上了出版景氣的末班車，勉強擠進最後一個豐衣足食的作家世代。

以前，作家田邊聖子老師招待我去她家玩時，美輪美奐的大豪宅深深震撼了我。「好厲害喔，現在這個時代出版不景氣，要蓋這麼氣派的房子已經很難了。」我這麼一說，老師就說：「好險我賺得快，書賣了就跑。」結果，這句話在老師的書裡變成我說的。

無論從事何種工作，只要做到頂尖，錢自然會跟著來。就算不做到頂尖的地步，只要能上軌道也就夠了。秉持著這樣的想法，不知不覺我也蓋了自己想要的房子，甚至擁有別墅。

「追逐金錢只會讓金錢逃跑」，這句話是真的。由從沒追逐過金錢的我來說肯定沒錯。我覺得，金錢這種東西還是有某種無法用道理解釋的神秘之處。

沒錢一定有原因。只要自己搞清楚原因是什麼，就不需要太過煩惱。

沒錢的時候，我往往選擇踏上自己想走的路。那未必是能賺取最多收入的一條路，我只是想著「這件事我應該辦得到」和「既然要做就要設法脫穎而出」而已。

成爲作家之後，我只思考下一本書要寫什麼。腦中只有「下次一定要博得好評」或「下次一定要讓世人跌破眼鏡」。在這個書都賣不掉的現代社會，確實也有很多令人難受的事，但我總告訴自己，不要隨電視或網路上那些看起來好像會很吃香的事情起舞。把賺錢當成唯一目的未免太空虛了。

我從不因爲沒錢而灰心喪志，也不是斤斤計較的人。小心保管已經賺到的錢，已經花出去的就別想太多了。

這就是我從以前到現在的做法。

側耳傾聽內心的聲音

見城徹

和林小姐一樣，我也從沒想過錢的事。或許有人聽了會覺得很奇怪吧。

大多數人創業的動機都是金錢欲，這點無可否認。不過，我自己完全沒想過要靠創業過豐饒的物質生活。

創立一間出版社和創立一般公司有點不一樣。一般來說，從拜託作家寫稿，到拿到原稿成書大概需要花六個月的時間。在書完成之前，出版社沒有可賣的商品，自然沒有營收。

一九九三年幻冬舍剛成立時，必須盡可能壓低各種經費。因為房租便宜，辦公室在一個距離車站很遠，交通不便的地方。辦公桌椅都買最便宜的東西，爲了省電，只使用最低限度的電器用品。爲了節省交通費，我每天從位於代代木的自宅走路到位於四谷的公司上班。

說到我那時的工作，就是寫信請人爲我寫書。對象有作家、音樂人、運動選手、女明星——信的內容不能敷衍隨便，如果無法打動對方的心，那就失去寫信的意義了。我要求自己一天必須寫信給五個人。

寫信給作家前，一定重新讀遍對方所有作品，寫信給音樂人前，也一定重新聽過對方所有專輯。因爲我必須點出連對方都沒發現的東西，帶給他們新的刺激。每一封信都洋洋灑灑寫滿七、八張信紙，我會不斷重新修改，直到寫出自己滿意的內容爲止。

因爲沒錢，吃的是公司附近的便宜拉麵或超商便當，一天只吃一餐。從早上九點開始寫信，一直寫到晚上兩點，再走路回家。拜此之賜，那時我的身材比現在還要精壯，肌肉緊實。

我自認一直以來的工作表現不靠任何頭銜。如果對方只是衝著角川書店的招牌提供作品，那我還有什麼存在意義可言。雖然和這樣的對象工作最輕鬆，幾乎不費任何工夫，頂多只要陪對方喝喝酒，聽他發發牢騷就行了。

我希望作家之所以提供作品，不是因爲角川書店，而是因爲編輯是我見城徹。事實上，我也老是找上放話「不和角川合作」的作家，說服對方爲我寫稿。

正因如此，即使幻冬舍只是一間剛成立的沒沒無名小出版社，我相信過去與我合作的作家一定願意提供作品。

自己過往堅持的態度，在獨立創業時看得最清楚。這個道理可以套用到各種職業，還在公司上班時就該採取即使獨立創業也能維持彼此關係的工作態度。

無論哪一位作家都爽快答應了我的邀稿。

其實他們一定也會擔心。誰知道這會不會是一間很快破產，連版稅都付不出的出版社呢？就算人家這麼想也不奇怪。

一九九四年三月二十五日，在朝日新聞報上打出全版廣告，宣傳文案是「文藝元年，歷史將從這裡展開——」幻冬舍一口氣出版了六本小說，分別是五木寬之的《鵰梟散步》、村上龍的《五分後的世界》、山田詠美的《120%的酷》、吉本芭娜娜的《瑪莉亞的永夜：呇里島夢日記》、篠山紀信的《少女革命》與北方謙三的《約定》——這是一本冷硬派小說，書名指的是北方先生和我之間的「約定」——當時花下的廣告經費總額將近一億日圓。我將一切賭在這六本書，如果失敗，我只能宣告個人破產。

拜這六位作家之賜，幻冬舍順利打下基礎。他們六位對我的恩義，這輩子沒齒難忘。

即使如此艱苦也要成立出版社，爲的不是別的，只因我熱愛編輯這份工作。除此之外沒有別的原因。

還是角川書店員工時，我可以隨心所欲使用公司經費，連公司經費都不夠花的時候，就用自己的薪水倒貼。當時我幾乎沒有存款，也不曾想過住好一點的房子，買高級車，或是加入名流高爾夫俱樂部。

我認爲，如果想過眞正充實的人生，最好不要去想賺錢這檔事。工作對人生來說，具有莫大的意義。選擇工作時，最好不要用收入等金錢要素做決定。任何工作都一樣，只要做出成果，金錢自然隨之而來。

不管怎麼說，人都該做自己喜歡的工作。因爲喜歡，就不會覺得痛苦，也沒有受惰性和無聊影響的餘地。那麼，怎麼樣才能做自己喜歡的工作呢？

答案應該是側耳傾聽內心的聲音吧，畢竟自己是最了解自己的人。不過，若太執著於頭銜或收入，就會聽不見內心的聲音。

話說回來，也不是高興做什麼就做什麼，正因爲喜歡，更要盡可能提高挑戰的門檻，付出壓倒性的努力。我一向這麼做，說到底爲的就是戰勝自己的軟弱。戰勝自己比獲得任何名聲或收入更有成就感。

爲自己設下的門檻，或許無法在短期內跨越。然而，既然是自己眞正喜歡做的事，就算想放棄也無法放棄。

回首過去，我深刻體認到金錢不過是結果。對我來說，以金錢欲望爲優先，就等於抹煞工作欲望。

Chapter 4

掌握運氣的必要條件

不知天高地厚又有何妨

林真理子

人爲什麼會想當作家呢？

「因爲喜歡寫文章。」

「因爲想用自己的話表達想法。」

「不起眼也沒關係，想按照自己的步調工作。」……

希望成爲作家的人，大部分都會這麼說，我認爲這些都不是謊言。

或許不完全是謊言，但應該有其他更眞實的答案。

「因爲想成名。」

「因爲想踏入光鮮亮麗的世界。」

「想享受被人阿諛奉承的滋味。」

這或許才是眞心話。我認爲說這種話也沒關係喔，因爲過去的我就是這樣。

大概會有人說這些動機太不單純，可是，等到那個人自己也開始成功，獲得一點地位與榮耀後，一定會發現其實自己也是那麼想。

不只作家，任何領域都一樣。主動開始做什麼的人，希望獲得成功是理所當然的事。這種想法正來自野心。

野心這兩個字聽起來不太好聽。克拉克博士有句名言「Boys, be ambitious」，通常翻譯成「少年們，要胸懷大志」。不過，這裡的 ambitious 意思原本就是「帶有野心的」。

我認爲，「想成爲更有價值的人」是很正常的想法。

我向來主張「野心也是一種才華」。

如今我所擁有的一切，出發點都是野心。如果我沒有野心，現在或許一無所有。

常聽人說「要識相」、「不要不知天高地厚」，只要遵守這類教誨，大概不會犯下大錯或發生嚴重的失誤。

可是，那也意味著一輩子不會有什麼了不起的收穫。

我的人生，走的是和那類教誨完全相反的道路。

少女時代的我，認眞想當一個女演員。心想，就算無法當上電影或電視明星，至少可以當個舞台劇演員吧。

現在回想起來眞是無知，我一定以爲，如果是舞台劇演員，就算長得不美也當得上。聲音宏亮、人高馬大的我，自以爲站上舞台一定很醒目。再說，我從小就喜歡扮家家酒，又喜歡做白日夢，簡直天生就是一塊當女演員的料。如此認定的我，瞞著家人向四季劇團申請了報名表。

後來，我又想當歌手。經常有人稱讚我聲音好聽，我有自信，絕對能當上歌手。

大學時，我參加了某個有名的歌唱比賽，在那裡深受打擊。我的歌聲和伴奏的鋼琴聲完全配合不上，當場眞想挖個地洞躲起來，比賽結束後，只能垂頭喪氣地回家。

結果，我既沒當上女演員也沒當上歌手。可是，我從不覺得自己「不知天高地厚」，也從不否定自己想成爲演員或歌手的心情。

「不知天高地厚」是年輕人的特權。這句話的主詞是「自己」，可是每個人年輕時都還不了解自己，既然不了解，又怎麼會知道和自己比起來天有多高，地有多厚？

正因如此，年輕人才能懷抱各種夢想，從中培育未來的可能性。

不過，野心雖然不是壞事，也有必須注意的地方。野心這種東西很像癌細胞，會在不知不覺中增生，慢慢佔據整顆心。長年與野心共處的我都這麼說了，鐵定不會有錯。

想馴服野心，本身需要具備某種程度的實力，否則只會讓自己痛苦。和擁有野心同等重要的，是冷靜檢視自己的能力。不要被野心駕馭，而是好好與野心共處，善加利用野心。

日本人討厭看見毫不掩飾的野心，才會培養出「要識相」、「不要不知天高地厚」的說法。然而，這些不過是場面話。若不經過深思，只會全盤接受這些場面話，最後損失的是自己。

人永遠都要往上看，朝更高的地方邁進，才能過有充實感的人生。「太知道天高地厚」，將會剝奪這份充實感。

不必太高也不必太厚，只要以「比現在高一點、厚一點」的地方爲目標就夠了。我認爲這比什麼都重要。如此一來，眼前的選項一定會增加，人生也會過得更豐富。

就結果而言，或許未必能達成原本設定的目標。但是，至少可以走到接近目標的地方。要是一開始就做個「識相」、「知天高地厚」的人，沒有野心也不嘗試挑戰，那就一步也踏不出去，什麼都獲得不了。「不知天高地厚」，肯定能讓我們獲得更多。

無知是最強大的力量

見城徹

林小姐說，人最好要「不知天高地厚」，我非常贊成。現代人太錙銖必較，侷限在小聰明裡，結果一步也踏不出去。

與其如此，倒不如什麼都不知道。我認爲「無知」本身正是一種力量。創立幻冬舍對我而言，也是爲了完成學生時代未盡的革命之夢。

二十歲那年，我正狂熱投入學生運動。

一頭栽進馬克思與列寧思想，與學運夥伴沒日沒夜地展開議論。

既然身爲一個人，就不能活得沒有人格。當時的我眞心相信，爲此必須掀起革命。

我們經常舉辦讀書會，讀的都是艱澀的外國哲學書、思想書。說實在的，我更喜歡閱讀小說。

當時，法國小說家保羅．尼贊的話深深打動我心。

在他的著作《亞丁阿拉伯》中，第一句話就是：

「我當時二十歲。不許任何人說這是人生中最美的時光。」

這句話迫使我下定決心。

社會充滿矛盾，二十歲的年輕人該做什麼？

在大學裡打棒球，加入田徑隊，揮汗練習跑接力馬拉松，這樣的青春很美嗎？

世界上多的是不幸的人，剝削、鎮壓、貧窮與歧視理所當然地存在。明明是這樣的世界，惡魔卻在耳邊低喃「青春眞美好」。年輕人成爲惡魔的俘虜，掩蓋起腐壞的東西，成爲對現實視而不見的虛僞大人。

法國哲學家西蒙娜．韋伊在她的著作中提到：

「只要世界上有一個人不幸，我就無法幸福。」

當年的我擁有完全相同的心情。

我對學生運動就是這麼投入。不過，因爲某件事，我放棄了學生運動，決心在俗世中存活。這是我報復世界的方式。

不過，無論是當時或現在，我一點也不想迎合體制。我想做的是打倒既有的東西，創造新事物。只有這麼做才能令我熱血沸騰，除此之外，沒有什麼事能引起我的興趣。

毛澤東曾說，革命成功的三原則是「無名」、「貧窮」與「年輕」。我還要再加上一個「無知」，並稱爲「革命四原則」。

不只革命，這四個原則是成就事業的絕對條件。

首先是「無名」。創業時，每個人都是無名小卒。已經成名的人滿足於名聲，肯定不願爲了做什麼而背負莫大風險。創業就是背負風險，也可以說是必死覺悟。

再來是「貧窮」。這說來也天經地義。經濟無所匱乏的人不會冒險創業。

接著是「年輕」。人一上了年紀，體力和活力都會衰退，變得只想維持現狀。因此，創業一定要趁年輕，而且是愈年輕愈好。

一旦滿足於現狀，人就不會想開始做新的事。只有對現狀不滿，才會將人置之於死地而後生。

話雖如此，二十幾歲創業又太早了點，因爲這個年紀的人還太不了解現實。雖說我的朋友，Cyber Agent的藤田晉二十幾歲就創業也成功了，但他是個天才，必須另當別論。一般來說，獨立創業最好過三十歲再說。

「無名」、「貧窮」、「年輕」，滿足這三項條件就可以創業，若三項中缺乏哪一樣，就把自己逼到符合條件爲止。

另外還有一項「無知」也很重要。

我四十二歲創業，是再不開始做什麼就太晚的年紀，所以總是處於焦慮中。當時我也沒有錢，因爲過去太浪費，只有名聲倒是廣爲人知。

如果沒有角川春樹事件[5]，我或許還留在角川。畢竟那時已經當上董事兼編輯部長，在業界又有「角川的見城」之稱。然而，我爲了堅持道義，毅然決然辭職，逼自己陷入絕境。

當時在背後推了我一把的正是「無知」。要是我徹底理解出版業界，經過一番思考之後，大概不會創業。大學畢業後，雖然一直在出版社工作，但我懂的只有編輯，對經銷、印刷、器材設備、廣告、財務……完全一竅不通。

如今想想，創業時的我，簡直就像在黑暗中摸索，試圖拿線穿過一百公尺前的針孔。這不是自吹自擂，是認真的比喻。叫我再做一次同樣的事，我想絕對辦不到。當時付出的，就是如此壓倒性的努力。

由此可見「無知」的重要。無知也等於不受業界常識束縛，正因如此，才將不可能化作可能。

開創新事物時，需要的不只是鑽研的能力，無知本身就是一股強大的力量。

5 譯註：一九九三年八月二十九日，角川春樹涉嫌走私古柯鹼，違反毒品取締法與關稅法，並因涉及業務侵佔而遭逮捕。

運氣可以靠自己操控

林真理子

接下來，我要公開人生最大的眞相。

我知道「運氣」的眞面目是什麼，那就是「意志力」。這是我的親身體驗，字字屬實。

成功的人很少講眞話。

「都是拜身旁的人所賜，運氣眞的很好。」

「剛好遇上好機會而已。」

就算內心認爲是自己的實力也不能說，說出來只會招人嫉妒而已。

事實上，那個人的機會一定是自己主動上前掌握的。這就是所謂命運或運氣的眞面目。

運氣這種東西，只要自己主動上前掌握，一定抓得住。或許不是馬上，但正如前面所說，命運或運氣這種東西，百分之百就是意志力。只要有這份意志力，多抓幾次，總有一天會抓在手中。

反過來想，說起來也很可怕，要是不去掌握，運氣只會從身邊經過，不會爲你停留。沒有掌握命運的意志力，幸運永遠不會降臨。

假設現在的境遇並不如意，不管等多久都沒發生自己想要的變化。其實，這種境遇根本就是自己造成的吧？

即使嘴上說自己不滿意現狀，想成爲另一種樣子的人，其實內心並沒有嘴上說的那麼喜歡改變。

時間流逝的速度快得可怕，如果什麼都不做，就什麼都不會發生。

那種人只是嘴上感嘆，實際上對平靜無波的日常生活，還是很滿意的吧？

我認爲，想改變命運需要有某種程度的自私。有一種人對遇見的每個人都想珍惜，爲身邊所有人勞心勞力，但是，光是這樣改變不了任何事。有時，反而必須拋棄身邊的某些人事物。

以自己爲優先的想法，往往是讓自己向上高飛的跳板。如果不能以自己爲優先，今後將永遠維持現狀活下去。

「只要耐心等待，總有一天幸運也會降臨在自己身上」。這種想法和神話沒兩樣。我很清楚，現實生活中不可能發生這種事。

從神話故事中跳脫，回到現實世界來吧。所有抓住幸運的人，靠的都是意志力。

我說過，運氣就是意志力，而意志力是可以靠自己控制的東西。

經常有人說我是個強運的女人。的確如此，因爲我相信運氣就是意志力，憑堅強的意志力獲得想要的東西。

話雖如此，我也不是一年到頭都勇往直前。不是沒有倒楣過，也曾覺得不如去死算了，這類經驗多得數不清。

沮喪的時候，有人會去購物發洩，有人會靠美食撫慰心靈，這些事我都不做，一直以來，這種時候我就去算命。

我覺得算命是心靈的SPA。即使是倒楣或沮喪時，也不會有哪個算命師對你說：「你很倒楣，無可救藥地倒楣」。

「現在運氣可能不太好，進入夏天後就會開始順利了。」算命師通常會這麼說，聽到這種話的瞬間，我的心立刻雨過天青，積極迎向光明的未來。

我開始這麼想：人果然還是得相信運氣，不過現在已經是最糟的狀況，不會再比現在更倒楣了。人心是很奇妙的，只要這麼一想，實際上就眞的會有好事發生。

交幾個正向思考的朋友也是好方法。聽到我說消極退縮的話時，這些朋友會立刻以正面積極的態度罵我：「妳在胡說八道什麼！沒那回事！」瞬間，我的心又撥雲見日了。

差點失去自信時，我會去和讚美我的人見面或談話。對方當然一如往常地讚美我，我也立刻找回差點失去的自信。

無論是去算命，還是從正向積極的朋友身上獲得激勵，都是一種「操控自己運氣」的方法。前面說過，運氣就是意志力，說得更正確一點，幸運會降臨在意志力堅強的人身上。

運氣結合意志力，產生了相輔相成的效果。幸運降臨在意志力堅強的人身上，使這個人的意志力愈來愈堅強。

相反地，一旦讓運氣跑掉，就會愈來愈難掌握回來，意志力變得更加薄弱，更不容易脫離倒楣的惡性循環。

以我的例子來說，大學畢業後找不到工作，住在破爛公寓裡，好不容易才進廣告公司上班卻被同事霸凌的那五年，完全就是這種惡性循環。

不過，運氣就算跑掉，還是會在某處留下造訪過的腳印。我一直覺得奇怪，明明從前運氣那麼好，現在這樣一定有哪裡不對勁。毫無疑問地，是這份意志力促使幸運再次找上我。

別輕易認輸

見城徹

「運氣就是意志力」。林小姐這句話眞是強而有力的名言。我也和林小姐一樣，常被人說運氣好。那些人大概認爲見城徹今天一切的成就都來自好運吧，怎麼可能有這種事。

帶來好結果的，永遠只會是努力。所謂努力就是持續的意志力。我認爲，輕言放棄的人太多了。

只有在自己承認失敗時，才算是眞的失敗。只要自己認爲還有機會，就不算是失敗。假設帶十萬日圓到賽馬場，賭到剩下一百圓也不算輸。因爲這一百圓，很可能再度賺來五十萬圓。應該要這麼想才對。

簡單來說，就是把一切想成過程。很多人在輸了七萬左右時開始認為「今天不行了」。明明還在過程中，卻自行做出結論放棄，這和自己判自己輸沒兩樣。

賽馬一天的賽程結束於第十二場賽事，人生卻更長，事業也是如此。事業沒有終點。除非發生跳票等決定性的失誤，否則都能持續。無法抱持這種想法的人不應該創業，一旦創業，無論多麼艱辛都要撐到最後。

幻冬舍成立時，我曾被惡整得很慘。來自其他出版社的壓力，使經銷通路拒絕和我合作，也遭到許多教人無法忍受的抹黑毀謗。

然而，無論處境多麼艱難，我都咬緊牙關突破了。那是只有抱著賭上性命的覺悟才能辦到的事。但是，只要突破困境，之後必定能摘下金黃色的果實。

我創立幻冬舍時，出版已是夕陽產業。要不是抱著誓死如歸的決心，也不會在那時展開事業。

我想的是反過來利用出版業開始走下坡的狀態。不只創業時，公司股票上櫃時、文庫與新書及雜誌《GOETHE》、《GINGER》創刊時都是如此。正因處於逆風的形勢，只要付出壓倒性的努力，做出一番成果，豈不是贏得更漂亮。

後來我又成立子公司「幻冬舍媒體顧問公司」，這間公司正以驚人的氣勢成長。在出版業一片不景氣下，刻意成立以出版爲主軸的顧問公司。說它是一間廣告公司也行，我的目的是成立一間獨一無二的公司，以創造出版新價值爲目標。公司剛成立時著實奮戰了一番，然而，我始終不改初衷，絕不放棄，一路持續到今天。現在這間公司的營收已經快超越母公司幻冬舍了。

做不難的事，得到的收穫也少。愈簡單的事，產生的結果愈微不足道。挑戰愈艱難，獲得的成果愈大。既然要創業，就要追求偉大的成果。

世界上有不少年輕的成功創業家。比方說，愛貝克思的松浦勝人、GMO網際網路公司的熊谷正壽、Cyber Agent的藤田晉、樂天的三木谷浩史、GREE的田中良和、牛角的創辦人西山知義、Diamond Dining的松村厚久、Nexyz的近藤太香巳、Samantha Thavasa的寺田和正……年輕人看到他們，恐怕以為「創業家的世界眞是光鮮亮麗」，或以為世界上充滿成功人士。殊不知，這些人不過是創業家中的極少數成功者。超過百分之九十九的創業家都因失敗而消失了。消失的人沒有舞台，也沒有人傳頌。年輕人看到的成功創業家，只不過是奇蹟般勝出的人罷了。如果要創業，首先必須要將這個事實銘記於心。接著問自己，他們為什麼能勝出？

因爲他們有決心。問題是，即使有決心，失敗的人還是很多。

比決心更重要的是壓倒性的努力。一般人辦得到的努力還不夠，必須是常人所不能及的驚人努力才行。

最後也是不可或缺的，是運氣。如果不受好運眷顧，終究無法成功。不過，所謂運氣並非機緣巧合，唯有付出壓倒性努力的人才抓得住好運。運氣與努力之間的關係錯綜複雜，密不可分。

世界上沒有任何一個人光靠好運就能成功。運氣是平等的，每個人都有遇上好運的一天。然而，不努力就抓不住降臨的好運。別說抓住了，甚至連那是好運都感覺不出來。明明幸運的女神已展開微笑，不努力的人卻視若無睹地從她身邊走過。

我經常說「人們稱這種程度的努力爲運氣」，其實說這句話時，我的心情也很複雜。老實說，運氣一定有好有壞，然而同時，正因爲付出非常多的努力，才看得到也掌握得到好運。

正如前面所說，世間有許多人以爲是我見城徹運氣好。與其說對此心有不甘，倒不如說鬆了一口氣。只要還有許多人這樣想，我就能繼續贏下去。

叫我再創業一次是辦不到了。幻冬舍能發展到今天這個地步，確實仰賴了各種好運，這點我不否認。

然而，我也敢自豪地說，那些好運乃是來自我的努力。只要付出壓倒性的努力，絕對會結出甜美的果實。無論是二十年後或三十年後，得到回報的一天一定會來臨。

到那時候，或許會認爲自己做了許多無謂的努力。但是，所有的努力必然不會白費。

看準辭職的時機

林真理子

二十幾歲時，我辭職過三次。

第一次辭職時，不斷在心中複誦書上讀過的一句話「人都有眞的生氣也沒關係的時候，那就是自己的存在遭到否定的時候。」，彷彿那是某種咒語。

現在回想起來，這句話或許只是爲離職的正當性找藉口。

當時的我，在工作上感受不到任何成就感與責任感。在存在遭到否定之前，可能根本沒有存在過。

說得更簡單一點，「因爲太無聊了——」這就是一切原因。

一定有更適合自己的工作吧。只要換個工作，人生就會變得更美好吧。每個年輕女性都曾這麼想，那時我也這麼想。

上了一陣培訓課程後，我進入廣告公司，成爲一名文案寫手。追根究柢，選擇寫文案的工作，除了嚮往用片假名寫成的時髦職稱外，「文案只要寫一兩行文章就行了，一定很輕鬆。」，這才是眞正的原因。

不料，才剛進入公司，我立刻發現自己有多天眞。

在前一家公司時，因爲剛畢業，公司的人多少還對我客套，現在這間公司則完全不同。一進公司就被要求拿出專業表現。

「公司付薪水給妳，還讓妳學習，妳要懂得感恩。」

每當我工作失誤，上司和前輩就會這麼說。我不知道因此哭了多少次，然而他們說的是事實，也只能點頭承認。

我不打算說什麼「對工作表現自豪才是專業人士」的漂亮話。不需要勉強自己自豪，只要有某種程度的實力，那種東西自然會產生。

不過，領多少薪水就該做多少事，這是一定要遵守的最低限度。

因爲怕被罵，我在公司裡每天畏畏縮縮，總是看別人臉色行動。曾幾何時，我變回國中時那個遭到霸凌的女生。

有一次，發生了這樣的事。公司裡的一個男同事提議晚上去他家開啤酒派對。

衆人大表贊同，興高采烈地討論起各種提案，那位男同事甚至打電話邀請客戶公司的女性一起參加。

「會去幾個人喔？我算一下喔……」

男同事拿著話筒，用手指著辦公室裡的衆人，「一個、兩個……」地算起人頭。然而，他的手指硬生生地跳過我，當下我只覺得胸口難受得要爆炸了。

從那時起，我便開始尋找下一份工作。

向公司表達辭意後，社長對我說：

「從妳進公司後，我一直暗中觀察，妳是個勤快的好女孩。那些傢伙只是不懂新進員工的心罷了。看到像妳這樣的人，讓他們想起自己還是菜鳥時的難堪過去，才會把氣都出在妳身上。」

那時，我又不爭氣地哭了。

在職場上遭霸凌，不受眾人歡迎，這種事有時就是會發生。以前，有些年輕人因爲這個原因想辭職，來找我商量時，根據自己的經驗，我通常不太會阻止。就我看來，想辭職的人並沒什麼大問題，和一般人沒兩樣。即使如此，還是有可能遇到不喜歡自己的人。那種時候，與其努力改善人際關係，不如另外找尋能夠接納自己的地方。

我對來找我商量的人這麼說：

「想辭就辭吧。你的心思這麼細膩，下一份工作一定會順利。因爲過去的我就是這樣。」

換了公司之後，我自認表現得很好。由我負責的工作得到相當不錯的評價，客戶經常指定「請林小姐負責這個案子」。

在工作上，我確實擁有了自信。

與此同時，也發生了傷腦筋的事。隨著自己的工作做得愈來愈好，上司和前輩的工作水準竟愈來愈差。事實上當然不是如此，只因人都用自己的水準看別人，才會造成這種現象。在前一家公司時，周遭的人一直罵我愚蠢無知，說我懶惰，到了這間公司，反而是我這麼認爲周遭的人。

由此可知我的進步有多大。

熟練的人支援不熟練的人是天經地義的事。重要的是，一個對工作有自信的人，更該受到周遭的認同與支持，否則損失的是公司，而那個人的能力也不會繼續成長。

對自己擁有某種程度的自信，開始認為周遭的人靠不住時，也是應該辭職的時機。

秉持決心面對人生關鍵時刻

見城徹

和林小姐一樣，我也辭職過幾次。其中尤以離開角川書店，成立幻冬舍這一次，對我而言更是人生的一大賭注。那年我四十二歲。大學畢業後一直領別人薪水的我終於獨立，即將成爲一國一城之主。

一九九三年夏天，角川春樹先生因涉嫌走私古柯鹼遭逮捕。宛如晴天霹靂，多麼希望一切只是一場誤會。看著沸沸湯湯的報導，我抱頭苦惱。

接獲春樹先生被捕的消息，公司內部陷入混亂。召開緊急董事會討論的結果，要求春樹先生自行解任，同時決定讓另一個毫無實績，只有年紀夠大的人接任社長。

我感到絕望。

我能成爲角川員工，是因爲獲得春樹先生的認同，進入公司之後也承蒙他一路提拔。拜春樹先生之賜，年紀輕輕就當上了董事。

因爲喜歡春樹先生，我才能那麼努力。工作當然是爲了自己，我很喜歡這份工作，也覺得工作很有趣，願意不眠不休努力。做出一番成績時，自己也覺得很痛快。

可是，對我來說最重要的，還是因爲看到春樹先生高興的表情。那是我努力的動力。

沒有春樹先生的角川書店，就沒有我存在的理由。

春樹先生從獄中提出卸任書的兩、三天後，我也向公司提出辭呈。

當時角川書店有十三、四個董事，辭職的只有我。

雖然沒有具體規畫，我原本打算到別家出版社繼續從事編輯工作。當時我已離婚，沒有小孩，一人飽等於全家飽，抱著一定有辦法活下去的心情。事實上，也有好幾家出版社向我招手。

過不多久，我的二十幾個屬下集體對我說：「我們想跟隨見城先生一起辭職。」

現在想想，眞的很感謝他們。然而當時，重大的責任感使我不知所措。

「只有我一個人的話還能想辦法，這麼多人該怎麼辦才好……」

那時，我連做夢也沒想過創立出版社，一心只想著有哪家出版社能一次接收我和所有屬下。

可是，不管問哪裡，得到的回答都是：「二十個人太多了，頂多只能接受見城先生帶兩、三個人過來，再多是不可能的。」

這樣下去，會害仰賴我的屬下失去工作。然而，無論攀多少關係，就是找不到能容納所有人的出版社。

過了幾天輾轉難眠的生活後，一道微光忽然照亮眼前黯淡的未來。

某天凌晨，我想起一首一直很感興趣的短歌。

「明知這麼做，會有什麼結果，還是不得不去做，這就是大和精神。」

這是吉田松陰在浦賀計畫偷渡出國失敗後，從下田被護送回江戶途中，經過高輪泉岳寺前時吟詠的短歌。忠臣藏故事中的四十七名赤穗浪士沉眠於泉岳寺，松陰是將自己與浪士們的生平聯想在一起了。

赤穗浪士們明知尋仇的結果是必須切腹自盡，依然選擇完成大義。松陰也一樣，明知偷渡被捕是死罪一條，仍爲了日本的未來策劃偷渡。無論如何都無法不去做這件事。

男人有時必須做出賭上生命的決斷。對我來說，眼前正是這麼做的時候。如此一想，所有煩惱消失無蹤，心情豁然開朗。

「好，我就自己創立一間出版社，所有責任我來扛。這麼一來，也能照顧到所有屬下。」

我下定決心。

現在回頭看，正因當時有所覺悟，幻冬舍才能持續至今。只要當時有一絲猶豫不決，創業肯定失敗。我深刻體認到，能不能豁出去，抱定賭上生命的覺悟，將成爲工作與人生的決定性關鍵。

回想起來，從出社會到獨立創業，中間這段時間我從未靠自己的力量腳踏實地。雖然一直自負一路走來靠的不是公司，而是見城徹這塊招牌，直到辭職之後，才知道多多少少還是有必須依靠公司的地方。

斬斷對公司的仰賴，懷著賭上性命的決心，就是有所覺悟。

只要有所覺悟，就沒必要再想多餘的事。此時，通往未來的大門已緩緩爲你敞開。

在勝負的關鍵時刻抛開羞恥心

林真理子

見城兄辭去角川書店工作，成立幻冬舍時，我送了燈具和椅子做爲賀禮。原本以爲早就被他丟了，沒想到現在還在用，聽到這件事時，我眞的好開心。

當時，見城兄的決心肯定非同小可。

而我，從文案寫手跨向作家領域時，卻一直無法下定決心。

那時的我已經是個小有名氣的自由文案工作者，脫離住在破爛公寓的貧窮生活，住在東麻布一棟很棒的公寓裡，年收入約有一千萬日圓。

還不到三十歲的年紀，這樣的收入稱得上很多了。

可是，看到糸井重里先生和仲畑貴志先生等超一流人才的工作狀況，我開始發現自己沒有他們那樣的才華。事實上，他們主要負責的大企業從來不會發案給我。

那段時間，因爲從事文案工作的關係，有幸認識主婦之友出版社的編輯松川邦生先生。松川先生稱讚我文章有趣，對我說：「寫一本前所未有的女人眞心話散文，我幫妳出書。」並且說服公司通過我的新書企劃案。（後來渡邊和博的超級暢銷書《金魂卷》也是由松川先生負責編輯，遺憾的是，他已在幾年前猝逝。）

對我來說，沒有比這值得感恩的提案。儘管身爲文案寫手小有名氣，畢竟也僅限於狹隘的廣告業界。

這是成爲一名作家，在世間出人頭地的大好良機，我求之不得。

然而，接下來的我，卻做了一般人難以理解的事。整整一年，我都沒有動筆寫稿。

我所做的只是每天幻想自己寫出暢銷書，成爲知名人士。天下最開心的事就是做白日夢。高興怎麼幻想就怎麼幻想，絕對不會受到傷害。

和白日夢比起來，現實無情又殘酷。

一旦開始寫稿，就會擔心萬一寫不出來怎麼辦。就算寫了，又會擔心寫得不有趣怎麼辦。這些念頭一冒出來，白日夢的快樂就不見了。我害怕面對現實。

不久之後，松川先生打電話來催了。催稿電話的次數愈來愈頻繁，我開始拒接電話，結果，換來的是討債集團似的催稿電報。

我終於放棄逃避，開始好好寫稿。

下筆之後，心中彷彿有什麼燃燒。我豁出去了，什麼都不在意。包括過去女性作家絕對不會寫的性愛與排泄物等等，我什麼都寫，就算被批下流也沒辦法。

那時，我認爲把靈魂賣給惡魔也無所謂。否則，普通的內容絕對無法讓我出人頭地。

就這樣完成了處女作《買個開心回家吧》。帶著豁出去的覺悟寫作總算有所回報，光是單行本就賣了三十萬冊，一躍成爲暢銷書。若連文庫本也計算進去，銷售量輕鬆突破一百萬冊。

我想，人生果然有面臨勝負的關鍵時刻。這種時候一定要迎向挑戰，把手上擁有的東西全部投入才行。

不光是燃燒所有能量，甚至必須拋棄羞恥心與自己在世人面前的形象。不做到這個地步，就看不見勝利的希望。

寫稿時，我會模仿一流作家閉關寫作，自掏腰包住進御茶水山腰上的飯店。

有個下午，我在飯店附近散步，看見路旁開了很多白色的木槿花。

我入迷地看著那些花，忽然冒出一個念頭。

「我一定會永遠記住這些花有多美。幾年後，當我成名了，想起成名作《買個開心回家吧》時，一定會同時想起這些美麗的花。」

後來，這個念頭變成事實。

不過，當初聽到《買個開心回家吧》熱賣時，我還抓不到已經出名的感覺。第一次感受到成名，是在國立某書店舉辦第一場簽書會的時候。

抵達會場時，已經有幾十位年輕女性排隊等候。

簽書會正式展開，我在書上簽名後，讀者還要求我握手。我難為情又不知所措，扭扭捏捏地回應。

讀者之中，有位頭髮很長的女孩，一握到我的手，就因為太開心而激動得滿臉通紅。

有生以來，我第一次遇到這種事。那時我才清楚感覺到，有些事在我無法掌控的地方發生了。

必須靠人推一把，才能真正下定決心

見城徹

林小姐在主婦之友出版社的已故編輯松川氏建議下，寫了《買個開心回家吧》，成爲知名作家。當時松川氏是我的競爭對手。松川氏認爲林小姐是他發掘的作家，而我則自認比任何人更早看出林小姐身爲小說家的才華。這可以說是一段以林小姐爲中心的三角關係。

因爲松川氏在背後推了一把，林小姐才能下定決心寫出《買個開心回家吧》。

下決心的時候，往往必須有人在背後推上那麼一把。

成立幻冬舍之際，在我背後推這一把的人是五木寬之先生。

在那之前將近二十年的時間，所有新成立的出版社都經營不順。出版業界有著特殊的結構和商業習慣，其中影響最大的是「經銷商」的存在。基本上，書籍與雜誌都必須透過經銷商銷往書店。然而，新出版社想和經銷商成立合作關係的門檻卻非常高。因此，新成立的出版社要打入市場也成爲近乎不可能的任務。

如果不開出版社，成立專業編輯公司也是一個方法。出版界原本就有很多承包出版社編輯工作的專業編輯公司。

然而，自己製作的書如果不能自己行銷就沒有意義了，我不想做那樣的書。無論多麼辛苦，我下定決心，一定要和經銷商簽訂合約，成立一家能與講談社、新潮社及集英社並駕齊驅的出版社。

周遭的人都潑我冷水，異口同聲「那種事絕對不可能辦到」。問一百個人有一百個人認定我會失敗，簡直像是一場百人大合唱。但是，我心意已決。

放棄到其他出版社工作的想法，我告訴願意跟隨我的屬下，打算自己成立一間新的出版社。

「可想而知，這條路一定不好走。你們仔細考慮再決定吧，看是要留在角川，還是跟我從零開始創立出版社。」

就算說要成立新的出版社，員工辭職並不是一件容易的事。提出辭呈後，還要公司受理辭呈，才能眞正辭去工作。

期限愈來愈逼近，大家的心情也開始動搖。在那之前沒聽說過新出版社成功的例子，他們會擔心也是天經地義的事。一旦失敗，很有可能失去工作，生活無以爲繼。最後，有超過一半的屬下放棄跟隨我。

那時，我察覺自己看到了人性。人在被迫做出極端選擇時，往往很難下定決心。原本以爲已經下定決心的事，在臨門一腳時又會開始猶豫。

下定決心這件事，遠比想像中困難。

最終只留下五個人。連我在內，六個人決定一起成立新出版社。

爲了報告這件事，也爲了答謝過去的照顧，我前往拜訪五木寬之先生。去之前，我一直以爲他會勸我「不要這麼亂來」。

然而，聽我說完之後，五木先生說：

「如果是你，或許會順利也不一定。」給了我大大的肯定。

「好好奮鬥吧。」當他用堅定的語氣這麼說，我忍不住眼眶泛淚。我雖然在屬下面前逞強，其實內心也曾想過或許放棄比較好，懷疑自己打算做的事和自尋死路沒兩樣。

五木先生說：「公司名稱我來幫你想。」

「非常感謝您。」我低下頭道謝，內心宛如撥雲見日，一片豁然開朗。

既然五木先生都為我設想到這個地步，我更不可以退縮。斷了後路之後，心情反而輕鬆起來。

五木先生提了三個名稱：「幻冬舍」、「幻城社」、「幻洋社」。

隨信附上一張說明紙條，上面寫著「請從三個名稱中選一個喜歡的。附帶一提，我個人最中意『幻冬舍』」。既然名滿天下的五木先生這麼說，我就聽他的吧。這麼一想，我毫不猶豫地選擇了「幻冬舍」。

一九九三年十一月十二日是「幻冬舍」創立的日子。我和五個夥伴齊聚設在四谷三丁目某棟住辦公寓裡的一間辦公室。

辦公室門上掛上印有「幻冬舍」三字的簇新招牌，與「創業」這看似光鮮亮麗的詞彙正好相反，我們六人表情凝重，充滿悲愴感。

事實上，到今天我仍不知道「幻冬舍」名稱的由來，一直忘了問五木先生。不過，這樣也沒關係。

第一次看到這名稱時，只覺得好樸素，好像出版詩集或短歌的小出版社才會取的名字。轉念一想，我這人粗心大意，又容易得意忘形，這低調穩重的名字或許能爲我彌補個性上的缺點。

五木先生精通古代中國思想。中國有五行之說，春夏秋冬四季各有對應的顏色，分別是「青春」、「朱夏」、「白秋」、「玄冬」。「玄」是黑色的意思。

黑暗冬天過後，充滿光明的春天必將到來。爲了迎接春天的來臨，要先耐得過冬天的嚴寒。當嚴寒的冬天成爲一場虛幻，百花盛放的春天已然到來。或許這就是五木先生賦予「幻冬舍」的涵義。

聚集在我身邊的是願意同甘共苦的夥伴，所以不用公司（會社）的「社」，而用校舍的「舍」。

從那天起，我下定決心帶領夥伴踏上暴風雪肆虐的荒野。

告訴自己「我誰都不是」

林真理子

母親對我影響很大。

我是雙親四十歲時才出生的孩子。比起年輕時生下的孩子，上了年紀才生的孩子，受到雙親的影響或許比前者大。因爲比起年輕時，父母的思考與觀念已經定型。

母親生於大正年間[6]，從舊制高等女校進入東京女子專門學校（相當於現代的女子大學）就讀，畢業後，還曾在戰前的女學校當老師，是一個擁有昔日教養與美學的人。我身爲作家的素養全都來自於她。

母親原本就是個文學少女，後來進入東京某出版社工作，似乎也曾想寫文章當作家。所以，我認爲自己成爲作家這件事，也可說是繼承了她的衣缽。

我出道的作品《買個開心回家吧》推出時，因爲內容遊走社會禁忌邊緣，我還曾擔心地問過母親的看法。結果她告訴我：「妳能成爲作家，對我來說比什麼都開心。」

不過，母親給了我這麼多，其中我最感謝的還是她教會我「自己什麼都不是」的觀念。

高中畢業，到東京上大學時，母親曾這麼說：

「我只告訴妳一句話，妳這個人什麼都沒有。」

年輕時我最討厭努力，做什麼事都持續不久，是個不知上進心及毅

6　譯註：大正年間是指西元一九一二年至一九二六年。

力為何物的人。當時，母親經常這麼說我：

「妳那種及時行樂的個性，跟妳爸一模一樣。」

母親和父親結婚後，二戰時曾遠渡中國。父親在當地受軍隊徵召，很長一段時間下落不明。等到父親回來，已是昭和二十八年（西元一九五三年）。我出生於昭和二十九年，當時母親差不多四十歲。父親消失那段期間，母親為維持生活，開了一家小書店。

「妳長這麼大，我沒好好教過妳什麼，也沒讓妳受像樣的教育。今後一切都要靠自己學習了。」

「妳什麼都不會，出社會後會很丟臉。眞可憐，在這種家庭長大，天生就不如別人。」

還曾發生過一次這種事。

我大學畢業後，還找不到工作時，母親從前的朋友那時自己經營公司，好像對母親說了類似「可以讓令嬡到敝公司來上班」的話。

可是，母親拒絕了對方難得的好意。

「大家都說妳是我的女兒，一定像我。我是個努力的人，大部分事情都做得好，不管到哪裡都受重用。可是妳啊，退一百步看還是一點也不像我。我不想失去那個朋友，所以妳還是自己找工作吧。」

我也不遑多讓。

「媽，妳這話說得太過分。我可是認爲自己表現得也不錯，個性不差，雖然不用功，其實頭腦應該很聰明。總有一天我一定會抓住成功的機會。」

不過，母親說的很對，其實我心知肚明。因爲我出社會後眞的嘗遍了辛酸。大學畢業，爸媽不再寄生活費給我，只能靠打工的微薄收入過貧窮日子。

過著那樣的生活，我總是不斷想起母親說過的話。

「妳這個人什麼都沒有。」

當初我還怪她說話過分，後來這句話卻成為我的心靈支柱。

只要告訴自己「我什麼都不是」，就不會絕望也不恨世界了。反之，即使生活不如己意，這句話立刻跳出來警惕我不可自暴自棄。那句話，和我從小在店裡看到的母親忙碌身影合而為一。

母親對我毫不寵溺。正因如此，我才能克服生活困苦的時代，把握機會成為作家。

從這樣的我眼中看來，現代流行的「像朋友一樣的親子關係」實在很噁心。毫不嚴厲，只分享快樂的親子關係，會養出沒有絲毫耐受力的小孩。人生有起有落，不可能永遠只有快樂的事。雖然不關我的事，想到在如同朋友般的親子關係中成長的小孩，遭遇苦境時會怎麼應對，實在教人擔心。

說來也和這件事相關，當初我就反對政府施行「寬鬆教育」。說起來，那不就是要所有學童配合程度最差的學童，大家一起擺爛嗎？充其量只不過是失敗的平等主義。所謂「寬鬆教育」，主張的是學童在沒有壓力的環境下培育出獨特的個性。我的看法卻正好相反。我認爲，只有在嚴苛的環境中才培育得出獨特的個性。只有放縱與寵溺是辦不到的。

母親教會我「自己什麼都不是」，直到今天，我仍秉持這個觀念。因爲這樣，我才沒有成爲一個傲慢的人，身爲作家的包袱肯定也比別人輕盈許多。

工作辛苦是天經地義的事

見城徹

林小姐說「自己什麼都不是」，這種謙虛的態度，對生存來說是很重要的條件。

不過，說來簡單，實踐起來卻比想像中困難多了。人只要稍微成功順利，馬上就會自我膨脹。

比方說，工作上的企劃獲得超乎預期的成功。

負責企劃的人當然會很得意，以爲成功靠的是自己的實力，以追求更大的成功爲下一個目標。

接下來要說的話也是對我自己的警惕。這種時候，下一個目標往往不會成功，因爲當事人高估了自己的實力。自大常是招致失敗的原因，若遇上嚴重的失敗，甚至會讓整個人生開始走下坡。

我見過不少創業家朋友，在一次大勝利之後，因爲高估自我實力而招來嚴重失誤，最後不知不覺從商場上消失。

原理和賭博一樣，企劃不可能次次成功。甚至可以說失敗的次數比成功多。重要的是如何減少失敗的次數，以及縮小失敗的規模。

「王者之兵，勝而不驕。」是一句老生常談。愈是成功的時候，下一步愈得謙卑小心。

或許可以說，失敗的因子就潛藏在成功之中。

成功了，當然可以高興，但絕對不能得意忘形。

成功時，要刻意提醒自己保持冷靜。最好隔天就把昨日的成功忘得一乾二淨，否則要長期保持踏實的心境是很困難的事。

成功有一種使人發狂的魔力。無論是回顧過往的自己，還是觀察身邊的人，都令我如此深刻體認。

人一成功就會自我膨脹，感覺自己像超人無所不能，什麼都想要。想開創不同事業，想要更多成功、地位、權力、金錢……這就是貪得無厭。喪失自制心，退化爲看到糖果點心和玩具就吵著要的小孩。

戀愛也一樣。舉凡事業成功的人，大概都想擁有一兩個情婦。看到成功者身邊的女人，也有人會酸溜溜地說「一定是看中對方的錢」。我可不這麼想。

成功者必定有其身爲一個人的魅力。任何時候，商業社會都是人對人的世界。如果沒有吸引他人的魅力，在商場上鐵定無法成功。這種人格特質才是吸引女性的地方。以問卷調查女性心目中具有魅力的男人，「工作表現強的男人」每每榜上有名，就是這個道理。

話雖如此，情婦畢竟是多餘的存在，多出來的東西總有一天需要處理。養情婦的人最好有這種自覺，才能減少日後付出的代價。

此外，仰賴過去的成功不只是驕矜，也是一種怠惰。就算成功一次，第二次再用同樣方式去做，成功的規模自然比第一次小。一而再、再而三地重複，只會讓成功愈趨式微。

時代的氛圍每天都在改變，世上沒有永恆不變的事物。一直使用相同手法，將無法應付不停轉變的時代氛圍。別忘記，今天的勝利者，轉眼就會變成明日的失敗者。

站在書籍製作者的立場來說，一旦做出一本暢銷書，難免會想推出續集。如法炮製不一定是錯的，只是沒有第三次。無論再暢銷的書，出過一次續作就該打住。繼續推出續作，只會讓自己陷入拔不出的泥淖之中。

身爲編輯，沒有比製作續篇更輕鬆的工作。做書的方法已經會了，銷售量又確實値得期待。然而，其中往往存在致命的陷阱。

人很難不追求輕鬆愉快，我認爲怠惰是人的天性之一。拋棄好不容易到手的成功，重新開發新的成功模式不但麻煩也辛苦。可是，一旦犯懶就是腐敗的開始。再過不了多久就要完蛋。

成功不過是途中的風景。唯有打從心底這麼想的人才活得美好。實際上，這樣的人也才不會停止成長。

平常就要小心檢查是否有哪裡開始腐敗。

假設手頭的工作進行得非常順利。這種時候，大多數人都會鬆一口氣吧？我則不然，工作進行得愈順利，我反而愈感不安。「順利」正是危險的徵兆，因爲工作進行得順利，表示自己正在找輕鬆的路子走。

發現工作進行順利時，我會立刻轉變舵盤的方向，往更艱難的海域航行。這麼做當然會產生負荷，但不這麼做，就不會有做出好工作的成就感。

工作辛苦是天經地義的事。因爲辛苦，才表示自己選擇了正確的路。該做的是接受辛苦，唯有如此才不會停止成長。

人的潛力，誕生於超越辛苦時。

首先，在我們爲了出這本書，兩人得經常碰面那陣子，發生了出名的《殉愛》騷動事件。我一點也不討厭百田先生，那本書本身也很有意思。只是書中關於未亡人的描寫明明有那麼多不清不楚的地方，竟然沒有一本週刊雜誌敢開口提起，我實在覺得太奇怪了，於是把自己的想法發表在《週刊文春》上，不少媒體和網路也報導了這件事。

由於這件事過後不久就得和見城兄碰面，我和編輯都覺得壓力很大。

「那種事眞是傷腦筋哪。」

沒想到他只笑著這麼說，使我對他稍微刮目相看了。眞要說的話，我做的事稱得上擋人財路，他卻能把兩件事分開來看待。

話雖如此，也不好在那場騷動中出版這本書。

「在這節骨眼上出書的話，怎麼看都像我們爲了出書而鋪的哏啊。」

本書的出版因此而延期，沒想到後來又遇上《少年A》問題。[7]讀了

《週刊文春》的報導，我不由得嘆了一口氣。

「既然已經不出那本書了，乖乖閉嘴不是很好嗎？那人果然是喜歡待在風暴中心的人……」

然而，見城兄的說法是，那次採訪完全不在他預料中。當時人在夏威夷的他被記者逮到，好像覺得不說點什麼不好意思，因此有了那篇報導。確實，他從以前就有一點濫好人的地方。

等到我仔細讀完本書原稿，還是不得不佩服起見城兄那異於常人的自我表現欲，以及伴隨而來的精力與天賦直覺。

和我說的話比起來，見城兄說的話是多麼具體，多麼清晰，字字句

7 譯註：一九九七年神戶連續兒童殺傷事件的兇手以「少年A」名義撰寫自傳，企劃該書的人正是見城徹，之後因理念不符並沒有在幻冬舍出版該書，但當時的出書計畫已遭《週刊文春》披露。

句充滿自信，堅定不移。比我說的話有趣多了。

想必正是那份決不動搖的堅定形成巨大的魅力，使得許多作家、演藝圈人士、IT創業家和政治家深深受他吸引。

儘管如此，出版界還是有不少「反見城派」。對於這些人，見城兄是這麼說的。

「我當然知道啊。可是，我有從那些人身上拿走什麼或搶走什麼嗎？」

他激動地說。

看似工於心計，卻又讓人恨不下去。看似老謀深算，卻又有哪裡少根筋。近乎老派地相信人情。

出版界以外的人，反而更能理解見城兄的魅力。我覺得這件事非常有趣……或許輪不到我這麼說吧。

見城兄已不是當年我所熟悉的見城兄。現在的他在社會層面與經濟層面拓展出更開闊的格局。只要讀完本書，一定會明白原因。

CVP0051

豁出去的覺悟
名作家林真理子與暢銷書之神見城徹掏心暢談挽救人生的方法

作者—林真理子、見城徹
編集協力—前田正志
譯者—邱香凝
編輯—黃煜智
行銷企劃—廖婉婷
總編輯—曾文娟
董事長
總經理—趙政岷
出版者—時報文化出版企業股份有限公司
10803 台北市和平西路三段二四〇號四樓
發行專線—（〇二）二三〇六六八四二
讀者服務專線—〇八〇〇二三一七〇五
（〇二）二三〇四七一〇三
讀者服務傳真—（〇二）二三〇四六八五八
郵撥—一九三四四七二四時報文化出版公司
信箱—台北郵政七九～九九信箱
時報悅讀網—http://www.readingtimes.com.tw
電子郵件信箱—ctliving@readingtimes.com.tw
思潮線臉書—https://www.facebook.com/trendage
法律顧問—理律法律事務所 陳長文律師、李念祖律師
印刷—盈昌印刷有限公司
初版一刷—二〇一七年八月四日
定價—新台幣三三〇元
（缺頁或破損的書，請寄回更換）

時報文化出版公司成立於一九七五年，
並於一九九九年股票上櫃公開發行，於二〇〇八年脫離中時集團非屬旺中，
以「尊重智慧與創意的文化事業」為信念。

國家圖書館出版品預行編目（CIP）資料

豁出去的覺悟：名作家林真理子與暢銷書之神見城徹掏心暢談挽救人生的方法 / 林真理子, 見城徹著；邱香凝譯. -- 初版. -- 臺北市：時報文化, 2017.07
面； 公分.

ISBN 978-957-13-7034-7（平裝）
1. 成功法 2. 自我實現

177.2　　106008433

ISBN 978-957-13-7034-7
Printed in Taiwan